"아무리 긴 밤이어도 반드시 해는 뜬다"

이 책을 읽어야 할 이유를 말씀드립니다

· ·

저자는 20여 년간 변화, 새로운 사회, 새로운 사회에 적합한 인재의 소양, 경영이라는 네 가지 화두를 마음에 두고 250여 권의 책을 읽으면서 교육받고, 공부하며, 경험하고, 고민한 내용을 정리해왔다.

이것을 바탕으로 농협중앙회 및 금융계를 비롯해 많은 회사와 라이온스클럽 등 봉사단체에서 특강을 하였고 지방 국립대학교에서 겸임교수의 명을 받아 '경영의 세계'란 제목으로 1년간 학생들을 가르치기도 하였다. 반응들이 좋았다. 책을 쓰게 된 이유 중의 하나이다.

책을 쓰게 된 또 하나의 이유는 친구 아들 때문이다. 고등학교 친구가 서울에 있는 명문대를 졸업한 아들에게 덕담을 좀 하라고 해서 3시간 동안 대화를 나누었다. 변화, 새로운 사회에 적합한 인재의 소양 등이 대화의 주류를 이루었다. 친구 아들이 대화를 마치고 일어서면서 "아버님, 이제 길이 보이는 것 같습니다!"라고 하였다. 매우 감동적이고 예상하지 못했던 충격적인 반응이었다. 그 아들이 미국 하버드대학교 경영대학 교수가 되었다. 젊은이들에게는 지식도 중요하지만 변화의 큰 그림을 알려주는 것과 인식의 틀을 바꾸도록 하는 것의 중요함을 깨닫는 순간이었다.

변화의 트렌드에 대한 독서를 하면서 느낀 점은, 특정 분야의 전문 서적은 많은데 전체를 조망하는 책들이 생각보다 많지 않다는 것이다. 현재는 전문성도 중요하지만 전체의 연결성이 점점 더 중요한 시대이다. 이것이 여러 분야의 흐름을 이해해야 하는 이유이다.

새로운 눈으로 새로운 것을 봐야 하고, 전체를 보아야 하며, 입체적으로 넓게 보는 것이 중요한 시대이다. 〈매일경제〉가 주관한 제16차 세계 지식포럼에서 탭스코트(Don Tapscott)를 비롯한 미래에 관한 전문가들은 미래에 펼쳐질 실질적인 그림보다는 경향성을 파악해 준비하는 자세가 중요하다고 강조하였다.

본문에 참고한 책들을 미처 다 읽지 못하는 독자에게 도움이 되고 특정 분야의 이해를 돕기 위해 참고문헌을 남겼다.

또한 중소기업 경영자, 임원이 되고자 하는 직장인, 사회에 나가고자 하는 젊은이들, 초 · 중 · 고 자녀를 키우고 있는 어머니들, 손주들과 적합한 소통을 원하는 할아버지 할머니 세대가 읽으면 도움이 될 것이다. 사회로 진출하게 될 젊은 군인들, 초 · 중 · 고 학생을 가르치는 선생님들에게도 도움이 되었으면 한다. 아무쪼록 이 책이 길을 찾는 청년들에게, 특히 새로운 사회에의 적응과 발전을 위해 꿈, 열정, 도전정신을 가지고 있는 젊은이나 기업 경영인에게 작은 길잡이가 되길 바란다.

이제 길이 보입니다

국내외 금융기관과 기업체에서 쌓은
부와 경영에 대한 직관과 통찰

이제 길이 보입니다

최원락 지음

모아북스
MOABOOKS

지금처럼 근본이 바뀌고, 빠르고 광범위하게 변화하는 시대에는 새로운 눈으로 새롭게 볼 수 있어야 합니다. 한 분야의 전문성도 중요하지만, 전체의 연결성이 더 중요해지고 있습니다. 지식과 정보도 중요하지만, 지혜나 인식의 틀은 더욱 중요한 시대를 반영한 책입니다.

박성수 전 대한경영학회 회장

살아가면서 직관력, 통찰력, 맥락지능이 중요한 시대에 감각적 체험이 이성과 결합하고, 상상력이 실제와 연결되며, 한 분야에서 습득한 지식이 다른 분야로 가는 문을 열어야 성공하는 시대입니다. 많은 젊은이와 중소기업을 경영하는 경영자들에게 도움이 되리라 생각합니다.

정덕진 텍사스오스틴경영대학교 교수 | 맥킨지 상임고문

이 책에는 수백 권 책의 내용이 녹아들어 있습니다. 교육받고, 공부하며, 경험하고, 고민한 것들을 하나의 스토리로 만들었습니다. 특히 제4차 산업혁명을 비롯한 새로운 사회에 적합한 인재의 소양과 시대정신을 담아내고 있습니다.

정의동 전 코스닥위원회 위원장

성공학을 강의하는데 저자의 생각과 책에 담긴 내용이 매우 시의적절하며 새로운 사회에 적합하다는 생각이 듭니다. 이 책을 통해 많이 배우고 나아가야 할 방향에 대해 깊은 고뇌의 시간을 갖게 하는 좋은 길잡이입니다.

김종수 김종수성공아카데미 대표

교육사업에 종사하면서 수많은 강의를 해왔지만, 저자의 명쾌한 설명이 마음에 듭니다. 지식도 중요하고, 무엇을 배워야 하는 것도 중요하지만 어떻게 생각하느냐 하는 것이 더욱 중요한 시대에 아이를 키우는 어머니로서 일독을 권합니다.

최현정 퀀텀어웨이크닝스쿨 대표

지금의 사회는 모든 것이 빠르게 변화하고, 근본이 변화하며, 광범위하게 변화하고 있으며 불확실성이 커지고 있는 사회이다. 감각적 체험이 이성과 결합하고, 환상이 실제와 연결되며, 직관이 지성과 짝을 이루고, 가슴속의 열정이 머릿속의 생각과 결합하며, 한 분야에서 습득한 지식이 다른 분야와 융합되어야 가치 창출이 극대화 되는 시대이다. 새로운 패러다임으로 전체의 흐름을 이해하고 부분의 일을 해야 실패 확률이 적고 효과를 발휘하는 사회라고 생각한다.

나는 지난 20여 년간 '**변화, 새로운 사회, 새로운 사회에 적합한 인재의 소양, 경영**' 이라는 네 가지 화두를 마음에 두고 교육받고, 공부하며, 경험한 내용을 하나의 스토리텔링으로 엮어내고 싶었다. 특정 분야의 전문 서적은 많지만, 전체의 그림을 그리려는 책은 생각보다 많지 않은 것 같았다. 이 책을 쓰게 된 동기 중의 하나다.

이 책은 전문가를 위한 전문 서적이 아니라 우리 일반인이 변화의 큰 흐름을 이해하고 새로운 시대와 사회에 적합한 인재에 대해 생각하도록 하는 데 목적이 있다. 특히 군 복무 중이거나 사회 진출을 앞둔 젊은이를 위한 책이기도 하다. 또 자녀를 키우고 교육하는 학부모나 학교 현장에서 학생을 가르치는 선생님에게 보탬이 되고자 쓴 책이기도 하다. 사회로 나아갈 학생들에게, 경영자를 꿈꾸는 직장인에게 생각의 시간을 갖도록 하고 싶었다. 손주들과 대화를 많이 해야 하는 할아버지 할머니 세대에도 도움이 되리라 기대한다. 또 이 책으로 인해 조직의 리더나 중소기업의 경영자도 한 번쯤 더 생각하는 계기가 되기 바란다.

영국의 생물학자 찰스 다윈은 생물의 진화론을 주장하여 코페르니쿠스의 지동설만큼이나 세상을 놀라게 하였다. 당시 지구상의 모든 생물체는 신에 의해 창조되고 지배된다는 신 중심의 창조설이 큰 흐름 중의 하나였는데 이를 뒤엎고 진화론을 주장하여 인류의 자연, 경제, 사회, 정신문명에 커다란 영향을 미쳤다. 그의 주장에 대한 찬반 논쟁이 치열하였고 모든 종은 고유의 DNA

가 있으므로 진화론은 허구라는 주장도 있다. 그러나 하버드대학교는 《종의 기원》을 인문 고전 필독서로 선정하였다. 다윈은 1859년에 발간된 이 책에서 "살아남는 종은 힘센 종도 아니고, 머리가 좋은 종도 아니며, **환경 변화에 적응을 잘하는 종**"이라고 강조하였다.

환경 변화에 적응력이 좋은 종이 살아남는다는 다윈의 주장은 최소한 경영 환경이 급변하고 있는 오늘날의 새로운 사회에 적합한 얘기라는 생각이 든다. 지금의 사회는 산업사회에서 지식 정보화 사회로 급변하고 있으며 나아가서는 제4차 산업혁명, 꿈의 사회, 가상과 현실이 공존하는 메타버스 세계로 빠르게 진행되고 있다. 세계화, 수평사회, 수요자 중심의 사회, 에너지 전환이 강력해지는 사회, 실패의 자산화가 중시 되는 사회, 경영에서 마음이 중요해지는 사회, 고령화 사회 등으로 변화되고 있다.

많은 부분에서 근본이 변하고, 변화의 폭이 넓으며, 변화의 방향도 복합적이며, 변화의 속도가 매우 빠르다. 새로운 현상이나 세상에서 시간적 변화에 대한 인간의 육체적, 정신적 적응력이 매우 중요하다. 많은 석학이 개인, 회사, 국가는 변화의 내용, 방향, 속도, 변화 속에 담긴 의미나 요인 등이 우리 사회의 모든 부분에 미치는 내용을 이해하고 빠르게 변화하는 새로운 사회에 적응을 잘해야 낙오되지 않고 생존, 번영할 수 있다고 강조하고 있다.

사고의 방향, 사람과의 관계, 배우는 과정, 일하는 방식, 소통하는 방법 등에서 새로운 패러다임이 만들어지고 있다. 지금의 사회는 적자생존(適者生存)을 넘어 화합과 상생의 기본적인 가치에 기초한 화자생존(和者生存)과 더불어 혁신 없이는 생존 번영할 수 없는 혁자생존(革者生存)의 시대이다.

삼성의 이건희 회장은 변화에 대한 대처의 중요성을 강조하기로 유명하다. 1990년대에 독일에서 "마누라만 빼고 다 바꾸자"고 강조하였다. 의식의 혁명적 전환을 강조하기도 하였다. '먼저, 제때, 제대로'로 요약되는 '스피드 경영'을 제시하기도 하였다. 그러나 일본은 새로운 파도를 제때에 타지 못하였다. 1988년에는 세계 시가 총액 상위 20위 안에 일본의 기업이 16개나 있었지만, 2024년 3월에는 일본의 기업이 하나도 없고 10위 안에는 지식 정보화 관련 기업이 7개나 된다. 일본이 산업사회에서 지식 정보화 사회로의 전략적 방향을 제때에 만들어내지 못했기 때문이다.

2006년도 한국의 최고경영자들이 선정한 사자성어는 별처럼 매우 빠르고 급하다는 뜻의 '급어성화(急於星火)'였다. 1990년대 초

ING은행의 경영 모토는 '변화관리(Managing the Change)' 였다. 경영에서 변화를 이해하고, 관리하며 그에 적합한 전략을 수립하는 것이 매우 중요함을 말해주고 있다. 미시간대학교 교수이며 핵심역량(core competence)이론의 대가인 프라할라드(C. K. Prahalad) 교수는 "변화를 받아들이면 기회는 더욱 많아지고 새로운 기회를 잡기란 날아가는 새와 같아서 총구를 고정해 놓고는 날아가는 새를 잡을 수 없다"고 강조하며 변화에 대한 적극적인 대처의 중요성을 강조하였다.

인식과 지혜가 지식보다 중요한 시대라고 한다. 지식의 창고는 차고 넘치지만, 지식이나 지능에 관한 사항은 AI로 빠르게 대체되고 있어서 새로운 사회에 적합한 인식의 틀은 중요한 경쟁력이 되고 있다. 잘못된 인식의 틀로 지식을 활용하면 효율성이 떨어지고 공감대가 형성되지 않는 데다가 실패의 위험도 커질 수밖에 없다. 새로운 사회에 적합한 인식의 틀을 갖추기 위해서는 멀리 보아야 하고, 전체를 보아야 하며, 변화의 내용(원인, 속도, 방향, 내용 등)을 이해하는 습관을 키워가야 한다. 새로운 눈으로 새로운 것을 보아야 한다.

원고를 마무리하고 똑똑한 20대 대학생들과의 대화를 통해 잘파(Zalpha) 세대의 생각을 담으려는 과정을 가졌다. 그리고 아이들을 키우고 있는 40대 주부들과도 많은 대화를 하였다. 모두에게 감사한 마음이다. 그러나 문제가 있다면 그 잘못은 모두 나한테 있음을 강조하고 싶다.

끝으로 참고문헌을 모두 인용하지는 않았지만, 참고문헌의 내용이 책의 곳곳에 스며있다는 것을 말씀드린다. 책을 쓰신 원작자에게 고마움과 존경의 마음을 보낸다.

최원락

차
례

1부

우리는 어디로

─────┤ **2부** ├─────

새로운 사회의 바람직한 인재의 소양들

1부

———

우리는 어디로

자본주의는
어디로…

· · · ●

경제체제의 흐름

우리가 사회변화의 현상에 대한 이해의 폭을 넓히기 위해서는 현존하는 경제체제 중에서 가장 많이 채택되고 있고 경제체제 중에서 가장 효율적이고 효과적인 경제체제의 흐름을 알아보는 것이 중요하다고 생각된다. 자본주의는 우리의 일상생활을 넘어 정치, 경제, 사회, 문화, 철학 등 거의 모든 분야에서 우리에게 막대한 영향을 주어왔고 앞으로도 주리라 생각하기 때문이다.

자본주의 경제학은 영국의 스미스(Adam Smith)의 국부론으로부터 시작되었다고 말해진다. 그가 주장한 '보이지 않는 손(invisible hand)'은 자본주의 핵심 내용 중의 하나이다. 《국부론》과 양대 축을 이루고 있는 것이 도덕감정론이다. 경제적 자유와 경제주체들의 높은 도덕성을 같이 강조하고 있다.

《국부론》이후 자본주의는 정치, 경제상황에 따라 여러 가지 형태로 변천하여 왔다. 케임브리지대학교 장하준 교수는 "자본주의에는 넓게 보아 9개의 학파가 있고 작은 학파들까지 합하면 20여 개가 된다"고 하였다. 그 중에서도 지난 반세기 동안 우리나라를 포함하여 전 세계경제에 많은 문제점을 안기고 있는 신자유주의의 흐름을 알아보는 것이 좋을 듯하다.

신자유주의는 1980년대부터 경제 시스템에서 정부의 적극적인 역할을 중시하는 케인지안 경제정책이 집중적으로 비판받으며 영국과 미국을 중심으로 등장하였다. 신자유주의는 매우 다양한 차원에서 논의되어 왔기 때문에 한마디로 정의되기는 쉽지 않다. 정책일 수도 있고, 정치운동이나 정치이념일 수도 있으며, 경제사상일 수도 있다고 말해지고 있다. 노벨 경제학상을 받은 컬럼비아대학교 스티글리(Joseph Stiglitz) 교수는 정책에서의 신자유주의를 탈규제, 시장화, 민영화 정책이라고 규정하고 있다.

신자유주의의 경제정책의 주요 골자는 다음과 같다.

- 정부의 간섭은 최소화해야 한다.
- 시장 중심으로 경제가 구축되고 운영되어야 한다.

- 각종 규제는 최대한 철폐되어야 한다.

- 자본의 가치가 노동의 가치에 우선한다.

- 노동의 유연성이 확보되어야 한다.

- 부유층 감세를 통해 경제를 활성화해야 한다.

- 기업의 경제 활동 자유를 확대해야 한다.

- 북유럽식 복지제도는 바람직하지 않다.

- 자율경쟁만이 최고다.

- 낙수효과가 존재한다.

- 공기업은 민영화해야 한다.

신자유주의는 자원 배분의 효율성을 높이고 생산성을 향상하며 기업 활동 의욕을 고취하고 치열한 경쟁을 통한 경쟁력 증진에 도움이 되었다고 생각한다. 궁극적으로 경제 성장에 크게 기여한 신자유주의 흐름이 세계화와 맞물려 전 세계 경제에 엄청난 영향을 끼쳐 왔으며, 경쟁과 효율, 기업가의 의욕 증진에서는 긍정적인 측면이 많았다.

그러나 세계화와 신자유주의 결합은 근본적으로 강자 중심의 논리이고 주장이며, 글로벌 경쟁에서 우위에 있는 나라나 기업 그리고 금융자본의 논리이기도 하다. 한편으로는 세계화와 신자유주의는 세계 곳곳에 많은 문제점을 일으키고 있다. 양극화와 빈부 격차가 확대되고 있는 가운데 중산층이 급격하게 줄어들고 있다. 김명훈은 《카키스토크라시(Kakistocracy)》에서 2019년 옥스팜 통계를 인용해 지구상의 초부자 26명이 하위 50%(39억 명)의 인구가 가진 부만큼 가지고 있다고 말하고 있다. 소수의 부자가 지배하는 경제를 플루토노미(Plutomy)라고 한다. 어리석고, 자격 미달이며, 부도덕한 지도자들이 지배하는 '카키스토크라시', 신자유주의, 그리고 플루토노미, 이 세 가지의 함정에 갇히게 되면 양극화가 심해지고, 상생 없는 갈등이 확대되며, 국가의 성장잠재력이 약화될 수밖에 없다고 생각한다.

촘스키는 이 세 가지 현상의 신봉자들은 민주주의를 약화시키며, 이데올로기 갈등을 강화시키고, 일반 대중을 통제하려 한다고 강조하였다. 윈스턴 처칠은 민주주의가 덜 나쁜 제도라고 했다. 자본주의도 공산주의나 사회주의보다는 훨씬 좋은 제도이지만 완벽하지 않다고 한다. 신자유주의는 더욱 그렇다.

중산층 몰락과 흐름

극심해지는 빈부 격차와 중산층의 붕괴는 우리 국가 지도자들이 진실한 마음으로 고민해야 할 이슈이다. 2016년 1월 스위스에서 열린 다보스 포럼(Davos Forum)의 주제는 '빈부격차 해소' 였다. 우리나라만의 문제가 아님을 말해주고 있다. 자본주의, 특히 신자유주의 전체의 문제이기도 하다.

중산층의 정의는 나라마다 다른데, 미국이나 영국 그리고 프랑스는 경제 외적인 측면들 즉 삶의 가치, 사회정의, 문화, 스포츠, 정치 등을 기준으로 하고 있다.

OECD는 소득의 중간 값인 50~150% 계층을 중산층으로 규정한 가운데 50% 미만은 저소득층, 150% 이상은 고소득층으로 분류한다. 한국에서 중산층의 정의는 미국, 영국, 프랑스와는 사뭇 다른 기준으로 "부채 없는 30평 이상의 아파트를 소유하고, 월 급여로 500만 원 이상을 받으며, 2,000cc급 이상의 자동차를 보유하고, 예금액 1억 원 이상에 해외여행을 1년에 1번 이상 하는 계층"을 중산층으로 보는데, 다른 나라와 비교하여 경제적인 측면만을 고려하고 있다. OECD 기준으로 본 우리나라의 중산층 비율은 1990년 75%, 2000년 71%, 2010년 64%로 떨어졌고 현재는 60%

이하인 상태로 지난 30년 사이에 15% 이상 줄었다. 앞으로도 줄어드는 속도가 더 빨라질 것이라고 예상되므로 심각하게 받아들여야 할 흐름이다.

중산층의 정치, 경제, 사회, 문화적 의미는 매우 크다고 할 수 있다. 아리스토텔레스는 "중산층이 튼튼해야 민주주의가 튼튼해진다"고 강조하였는데, 오늘날 우리의 현실을 말하고 있는 것 같다. 행동하는 지성인으로 유명한 라이시 교수는 "어떤 경제도 중산층이 구매력을 발휘해 성장 속도를 받쳐주지 않으면 긍정적인 여세를 유지할 수 없다. 미국이 경기 침체에서 회복하는 속도가 느리고 성과가 부실한 것은 이 때문이기도 하다."고 주장하였다.

중산층은 정치·사회적으로 완충기 역할, 다시 말해 좌우의 다양한 이념 분포와 안정을 동시에 원하는 중산층의 강한 응집력이 좌든 우든 한쪽으로 쏠리는 현상을 막는 균형자 역할을 한다는 것이다. 그래서 중산층이 두터운 사회일수록 자본과 노동이 대타협에 성공해 정치 안정과 경제 성장을 동시에 이룩할 수 있다고 한다. 네덜란드 등 서유럽이 좌우 이념 대결을 극복할 수 있었던 것은 중도 좌파에서 중도 우파에 걸친 중산층이 때론 보수와 연합하고 때론 진보와 손잡으며 어느 한쪽에 극단적으로 치우치는 것을 견제하고 균형을 잡았기 때문이라고 한다.

2011년 옥스퍼드 출판사가 선정한 올해의 단어는 'Squeezed Middle'(압박받은 중산층)로, 중산층의 위축과 어려움을 강조한 것인데 이는 우리만의 문제가 아니라는 얘기이기도 하다. 중산층은 경제 발전과 경제 회복의 기반이 되는 집단이다. 건전한 민주사회를 지탱하는 기둥이 되기도 한다. 빈곤층과 부유층 또는 진보와 보수의 갈등을 조절하고 사회통합의 기반이 되는 집단이다. 중산층의 감소나 붕괴는 정치집단들의 이념적 양극화를 통해 정당 간 또는 정당 내의 갈등이나 대립을 심화시켜 막대한 갈등비용을 수반하게 된다. 2010년대 초반 삼성경제연구소의 보고서에 의하면 "우리나라는 OECD 국가 중 터키에 이어 2번째로 갈등이 심한 나라이고 1년에 발생하는 갈등비용이 최소 80조 원을 넘는다"고 했다. 정치집단이나 국가지도자가 명심해야 하고 고민을 해야 하는 중대한 국가적인 문제다.

· · •

신자유주의에 대한 비판적 흐름

신자유주의(Neo-Liberalism)란 케인지언 복지국가에 반대하고 국가의 개입을 최소화하는 자유시장이 국부를 증대하고 사회적 후생을 극대화한다는 경제 이데올로기도 하다. 탈규제, 시장화, 민영화를 축으로 하는 신자유주의는 세계화의 흐름과 맞물려 경제의 효율성, 자율성, 기업가의 기업 의욕 등을 통해 경제발전에 크게 기여하였지만, 다른 한편으로는 부의 배분이 너무나 불평등하게 진행되어 왔다.

이러한 흐름은 우리만의 문제가 아니다. 경제적 강자와 약자를 제한 없이 시장이란 무대에서 자유롭게 경쟁시키는 것은 '호랑이와 고양이를 한 울타리 안에 넣어두는 격'이라고 말하는 사람도 있다. 이런 승자 독식의 흐름이 가속화되고 있는 가운데 미국의 민주당 대통령 후보였던 샌더스(Bernie Sanders)는 이를 "카우보이 타입(cowboy type)의 자본주의"라고 비판하였다.

독일 라인강 기적의 이론적 토대를 만든 월터 오이켄(Walter Eucken)이 "집단에는 양심이 없다"고 강조하였으며 "자본에도 양심이 없다는 생각을 가졌다"고 말했다. 결국 양심이 없는 집단이 양심이 없는 자본을 가지고 규제가 없는 시장에서 활동하게 한다면 약육강식이 판치는 정글이나 다름없는 사회가 될 것이다.

신자유주의는 자본주의로 인해 양극화가 심해지고, 중산층이 위축되며, 서민경제의 어려움이 가중되고, 기회의 불평등 현상이 심해지고 있다. 효율적인 면도 있지만, 경제적 약자에게 정의롭지 못한 상황이 확대되고 있어 국가는 더 부자가 되는 가운데 대다수 국민은 더 가난해지고 빈곤의 흐름이 빨라질 수 있다. 이러한 현상은 우리나라만의 문제가 아니라 신자유주의가 성행한 미국의 문제이기도 하다.

2011년 9월, 뉴욕의 증권거래소 앞에서 시위를 벌인 시위대는 1%에 해당하는 사람들이 99%의 부를 장악하고 있고 나머지 99%의 사람들은 가난과 고통 속에서 삶의 희망을 잃어가고 있다고 주장하였다. 가난한 사람은 더욱 가난해지고 부자는 더욱 부자가 되고 있다고 항변한 것인데, 예일대학교의 월러스틴(Immanual Wallerstein) 석좌교수는 이 시위를 두고 "현대 자본주의의 몰락"이라고까지 표현하였다.

신자유주의의 신봉자였던 미국의 조시 부시 대통령과 핵심 경제정책 입안자들은 2007년 취임 6년 만에 처음으로 소득 불평등 문제를 공개적으로 시인하였다. 전 FRB 의장 버냉키(Ben S. Bernanke)는 "지난 30년간 벌어진 양극화로 미국경제의 성장 동력인 역동성이 위기에 처했다. 경제적 기회의 평등만 미덕인 줄 알고 경제적 결과의 불평등을 외면해 왔다. 개인의 책임 밖에서 벌어진 경제 활동 결과의 불평등에 대해 일종의 보험을 제공해야 할 때"라고 강조하였다. 부시 정부 시절의 재무장관 루빈(Robert Rubin)과 그린스펀(Alan Greenspan) FRB 의장도 양극화의 덫을 강조하였으며, 독일의 메르켈(Merkel) 총리도 다보스 포럼에서 "빨리 가려면 혼자서, 멀리 가려면 함께 가야 한다"고 주장하며 양극화 해소를 촉구하였다.

다보스 포럼의 창립자이자 《제4차 산업혁명》으로 유명한 클라우스 슈밥(Klaus Schwab)은 "우리는 죄를 지었다. 이제는 자본주의 시스템을 개선할 때가 되었다"고 주장하였다. 미국의 미래학자이자 경제동향 연구재단 이사장인 리프킨(Jeremy Rifkin)은 "자본주의 시스템이 이미 정점을 지나 서서히 쇠퇴하기 시작했다는 사실이 분명해지고 있다"고 지적하였으며, 미국 밀컨연구소의 러셀(Peter Russel)은 "더 이상 게임의 규칙이 공정하지 않다는 인식이 확산되고 있고 노동자들은 절대로 접근할 수 없는 시장의 파워가 소수에게 집중되고 있다"고 주장하였다.

그런데 더 일찍이 경영학계의 거장 피터 드러커(Peter Drucker)는 1957년에 발표한 저서 《미국의 다음 20년(America's Next Twenty Years)》에서 빈부의 양극화와 소수가 보유하는 부의 현저한 증대를 예언하였다.

자본주의를 개선해야 한다는 주장

신자유주의적 자본주의를 개선하자는 흐름이 확대되고 있는데, 일부를 소개하면 다음과 같다.

자본주의의 최대 수혜자인 빌 게이츠(Bill Gates)가 자본주의 개선 운동을 하는 것은 역설적이지만, 그가 주장하는 '창조적 자본주의(Creative Capitalism)'의 핵심은 경제적 약자에게도 이익이 되는 자본주의를 말한다. 그가 2008년 미국 하버드대학교 졸업식 연설에서 "인간의 발전은 불평등을 줄이는 데서 온다. 창조적 자본주의란 자기 이익 추구와 타인에 관한 관심과 배려에서 온다"고 강조한 데 이어 다보스 포럼의 기조연설에서 창조적 자본주의의 중요성을 강조하면서 세상에 널리 알려진 개념이다.

영국의 〈파이낸셜타임스(Financial Times)〉가 세계에서 가장 영향력 있는 비즈니스 거장을 선정했는데 피터 드러커, 빌 게이츠, 잭 웰치에 이어 한때 4위에 오르기도 한 경영학자 필립 코틀러(Philip Kotler)는 《다른 자본주의(Confronting Capitalism)》를 통해 자본주의의 문제점을 14가지로 정리하여 지적하였다.

"지속적인 문제점에 대해서 해결책을 제공하지 못한다. 소득과 불평등이 너무 심해진다. 수십억 명의 노동자에게 생활임금을 지급하지 못한다. 자동화 때문에 충분한 일자리를 제공하지 못한다. 기업들이 사업을 하면서 사회에 발생된 비용(환경 파괴 등)전체를 부담하지 않는다. 규제가 없을 때 환경과 천연자원이 남용된다. 경기 순환과 경기 불안정을 유발한다. 지역사회와 공익을 희생시키고 대신 개인주의와 사리사욕이 강조된다. 개인들이 과도한 부채를 지도록 조장하고 생산 중심의 경제가 아니라 금융 중심의 경제를 만든다. 정치인과 이익단체가 결합해 시민 대다수의 경제적 이익을 약화한다. 장기적인 투자계획보다 단기적인 이익을 얻을 수 있는 계획을 선호한다. 상품의 품질과 안정성에 문제가 많고 과대광고, 불공정 경쟁 행위가 만연한다. GDP 성장에만 집중하는 경향이 있다. 시장에 적용되는 공식에 사회적 가치와 행복이 빠져있다"고 했다.

클라우스 슈밥은《자본주의를 구하라(Stakeholder Capitalism)》에서 GDP 중심의 경제 정책은 인간의 삶의 질, 웰빙, 환경문제, 자원의 사용 등에 대해 알려주지 않고 있다고 지적하였다. 주주자본주의는 경제 성장에 도움이 되어왔지만, 환경 훼손과 경제적 불평등을 외면해왔다고 주장하였다. 일반적으로 이해당사자에게는 주주, 종업원, 금융기관, 고객, 시장, 정부 등이 포함된다. 슈밥은 최근에 발간한 《그레이트 리셋(Great Reset)》에서 이해당사자 자본주의를 핵심으로 다루고 있다.

2016년, 영국의 보수당 당수 테레사 메이(Therasa May)는 **"경제적 이익을 공유해야 합니다. 정부는 국민 모두를 위해 일해야 합니다. 직원들은 회사 이사회에 참여해야 합니다"**라고 강조하였다. 핵심은 소득분배, 노동조합의 경영 참여, 중산·서민층을 위한 정책적 배려를 강조하고 있다. 보수당 당수라는 직책을 생각하면 매우 획기적인 내용이다. 우리나라의 보수들도 깊이 새겨야 할 이슈라고 생각한다.

미국을 비롯하여 전 세계로 퍼지고 있는 ESG 경영은 자본주의의 문제점을 보완하자는 운동이기도 하다.

ESG는 Environment(환경), Social Responsibility(사회적 책임), Governance(지배구조)의 약자이다. 기업들이 악화시키고 있는 환경과 지구온난화에 대한 적극적 자세를 취하자는 운동으로, 양극화가 심해지는 사회를 개선하자는 뜻에서 평등한 고용과 노동환경 개선의 기치를 내걸고 있다. 또 개선된 지배구조를 통해 투명한 기업 운영과 공정성을 강화하기 위한 의미도 담겼다.

골드만 삭스는 "No Diversity, No IPO"라는 기치 아래 백인 남자로만 구성된 이사회를 가진 회사의 상장 업무를 맡지 않겠다고 선언하였다. 이처럼 약자를 배려하는 선언이 이어지는 가운데 블랙롤(Black Roll)의 래리 핑크(Larry Fink) 회장은 ESG 경영을 하지 않는 기업에는 투자하지 않겠다고 선언하였다. 그는 투자할 때 이사회의 인종, 성별 구성 등의 다양성이 포함된 보고서를 요구하기도 하고, 여성 이사가 포함되지 않은 이사회를 가진 회사에는 투자하지 않겠다고 하였다. 사람과 일 문화의 중심에서 사람과 사람과의 관계 개선의 문화로의 움직임이 강화되고 있는 가운데 사회적 또는 경제적 약자에 대한 배려가 강화되고 있다. 이는 바람직한 흐름으로, 자본주의가 가장 효율적인 경제체제이지만 문제점이나 부작용은 개선해 가야 한다는 데 인식을 함께하는 것이다.

한국에서 나온 주장들

우리나라에서도 여러 가지 주장들이 나왔다. 김대중 대통령은 시장경제를 중심으로 삼되 중산 · 서민층, 자영업자, 중소기업 등 경제적 약자들에 대한 정책적 배려를 하는 '민주적 시장경제'의 중요성을 강조하였다. 박근혜 대통령은 취임사에서 "자본주의는 길을 잃었다"고 강조하였다. 2016년 6월에 있었던 3당 대표 국회

연설에서 당시 새누리당은 '정규직이 비정규직에 양보하는 중앙 평준화', 더불어민주당은 '경제민주화를 통한 포용적 성장', 국민 의당은 '격차 해소를 위한 로드맵'을 강조하였다. 정운찬 전 서울 대 총장이 강조하는 '동반 성장론'도 승자독식의 카우보이 타입 자본주의에 대한 반성과 대안을 제시한 것으로 생각된다. 그는 그간 우리 경제의 기본 정책이었던 '선성장 후분배' 또는 '불균형 성장'은 경제적 불평등과 양극화를 가속화하고 있다고 경고하였 다. 이는 경제적 강자 중심의 사회에서 상생의 철학을 강조한 것 이라고 생각한다.

문재인 정부가 경제적 약자를 배려하여 추진한 소득 주도 성장 정책도 마찬가지이다. 김종인 씨가 주장한 '경제민주화'도 자본 주의의 문제점을 개선하자는 뜻으로 이해되고, 유승민 의원이 주 장한 '따뜻한 보수'도 같은 맥락으로 이해된다. 유승민 의원은 2016년 5월 성균관대학교 특강에서 "결과의 불평등을 방치한 채 기회와 평등을 확보하기는 어렵다"고 강조했는데 국가 지도자들 이 깊이 새겨야 할 얘기라고 생각한다.

〈조선일보〉에서는 2011년에 애덤 스미스의 자유방임의 고전적 자본주의를 '자본주의 1.0', 정부 주도의 수정자본주의를 '자본주 의 2.0', 시장주도 신자유주의를 '자본주의 3.0'으로 말하며 이제는 따뜻한 자본주의를 추구해야 한다며 '자본주의 4.0'을 강조하였다. 올바른 방향이라는 생각이 든다.

위에서 말한 모든 주장들이 방향과 내용은 약간씩 다르지만, 자본주의의 부작용을 개선하자는 데에는 인식을 같이하고 있다. 자본주의를 부정하지는 않고 건전한 자본주의로 가자는 주장들이다.

02 산업사회에서 지식정보화사회로

지식정보화사회란?

지식이나 정보의 생산, 축적, 유통, 활용이 급격히 증대되고 정보기술이 고도화되는 동시에 정치, 경제, 사회, 문화 등 사회구조 전반에 걸쳐 정보와 지식의 가치가 높아져 매우 중요한 자원이 되는 사회를 말한다. 즉 정보와 창의적인 지식이 혼합 또는 융합되어 산업을 이끄는 사회를 말한다. 지식과 정보는 매우 중요한 자원으로서 투자의 대상이 되기도 한다.

지식정보화사회의 시작

1959년에 발표한 드러커(Peter Drucker)는 《내일의 이정표

(Landmark of Tomorrow)》라는 저서에서 "굴뚝산업이 기울어지고 지식과 기술로 집약된 새로운 형태의 산업사회가 온다"고 강조하여 지식산업을 언급하였다.

지식정보화사회에 대한 연구의 지평을 연 사람은 벨(Daniel Bell)이 한다. 그가 1973년에 발표한 《탈산업사회(The Coming of Post-Industrial Society)》는 지식정보화사회에 대한 논의에 있어서 한동안 교과서로 간주되기도 하였다고 한다. 그는 우리 사회의 발전을 산업사회 이전의 사회, 산업사회, 탈산업사회로 구분하고 "탈산업사회는 기술적 지식을 주축으로 하여 경제 성장을 하고 사회계층이 형성되는 사회"라고 말하여 지식의 중요성을 강조하였다. 벨(Bell)은 탈산업사회를 지식정보화사회로 직접 표현하지는 않았지만 10여 년의 간격을 두고 미국의 미래학자들이 묘사한 지식정보화사회와 그가 말한 탈산업사회의 모습이 비슷한 측면이 많았기 때문에 많은 사람들이 그를 지식정보화사회에 관한 학문적 지평을 연 사람이라고 평가하고 있다.

지식정보화사회로의 변화에 대한 대중적 인지도를 높인 학자 중 한 사람인 토플러는 시대의 변화(흐름)에 대한 연구와 저술활동으로 잘 알려진 학자이다. 특히 1970년에 발표한 《미래의 충격(Future Shock)》, 1980년에 발표한 《제3의 물결(The Third

Wave)》, 1991년에 나온 《권력이동(Power Shift)》, 2006년에 발표한 《부의 미래(Revolutionary Wealth)》 등이 그의 대표적인 저서이기도 하다.

전통경제학에서 '수학체감의 법칙(law of diminishing return)'이란 이론이 있다. 즉 생산요소를 계속 투입해 나갈 때 어느 시점이 지나면 새롭게 투입하는 요소로 발생하는 수확의 증가량은 감소한다는 경제법칙이다. **지식정보화사회에서는 수확체증의 법칙이 작용된다.** 지식정보화사회에서 지식산업의 수확체증의 법칙이 발생하는 것은 지식이 무한하며, 새로이 개발되고, 많은 사람이 공유할수록 시너지 효과가 크기 때문이며, 광물자원이 부족하고 인적자원이 우수한 한국에게는 매우 바람직한 일이다.

거대한 변화가 일어나고 있는 상황에서는 근본이 바뀌고, 변화가 매우 광범위하며, 불규칙적인 변화가 많고, 변화가 매우 빠르다는 것이다. 산업혁명 후 근 300여 년 만에 일어나는 변화이다. 드러커(Peter Drucker)는 1969년에 출간한 《단절의 시대(The Age of Discontinuity : Guidelines to the Changing Society)》에서 구텐베르크의 금속활자 발명 이후 500년 동안 약 3천만권의 책이 출판되었는데 1969년 이전 25년 동안 그보다 더 많은 책이 출간되었다고 말하며 빠르게 변화하는 상황을 설명하였다. 농업사회에서 산업사회로 변화하는데 영국은 150년 걸렸고, 미국과 독일은 70년, 일본은 50년이 걸렸고 한국은 더 빠르게 변하였다.

이러한 변화의 시기에는 산 위에 올라 멀리 보고, 넓게 보며, 전체를 보고, 새로운 시각으로 새로운 것을 보아야 생존 번영할 수 있다는 것이다. 대하소설 작가로 유명한 프랑스의 마르셀 푸르스트(Marcel Proust 1871~1922)는 "진정한 발견은 새로운 풍경을 찾는 것이 아니라 새로운 시각으로 보는 것이다"라고 강조하였다. 새로운 사회에 맞는 시각이나 패러다임의 중요성을 강조한 것이라 하겠다.

● ● ●
집단지성

리드비터(Charles Leadbeater)가 2008년에 내놓은 《집단지성이란 무엇인가(We-think : The Power of Mass Creativity)》에서 "우리는 나보다 강하다"로 상징되는 집단지성(collective intelligence)의 중요성을 강조하고 있다. 혼자보다는 여러 사람들의 힘을 합치는 것이 매우 중요함을 강조한 것이라 하겠다. 집단지성이 성공하려면 목표, 구성원들 간의 협조, 창의성, 목표에의 기여, 사람, 아이디어, 의견, 지식, 정보 등의 조합과 연결 등이 중요하다. 이러한 집단지성은 다양한 전문적 지식인, 유연한 사고를 하는 사람들, 새로운 패러다임을 갖추고 있는 구성원들이 자발적이고 적극적으로 참여할 때 크나큰 힘을 발휘 할 수 있으며, 비전문가들도 회사에 중요한 창의적인 아이디어를 낼 수 있다. 구글의 탄생 배경에는 구글의 이스라엘 연구소의 평범한 여직원의 아이디어가 있었다. 오늘날 인텔로 발전하는 단계에서도 인텔 이스라엘 트럭기사의 아이디어가 있었다. 집단지성이 성공하려면 도덕성과 신뢰성도 매우 중요하다는 것을 알 수 있다.

그가 말한 집단지성은 《생각의 법칙(Thinking for a Change)》이란 책을 쓴 막스웰(John Maxwell)의 주장과도 맥을 같이 하고 있다. 그는 "일반적으로 여러 사람의 사고는 혼자만의 사고보다 빠르고, 혁신적이며, 성숙하고 강한 편이다"라고 강조하였다. 여러 사람들의 지식 공유와 소통의 중요성을 강조하고 있다. 여러 사람들의 생각을 모아가는 과정의 중요성을 강조하였다. 그래서 지도자는 열린 마음을 가져야 하고 부지런해야 한다. 무엇보다도 변화하는 새로운 사회에 적합한 인식의 틀을 갖추어야 한다.

산업사회에서 형성된 패러다임으로 지식정보화사회의 현상이나 상황을 보려 해서는 안 된다. 정말로 중요한 것은 지도자는 이런 집단지성들 간의 공유, 소통, 논의 등을 원활하게 할 수 있는 장을 만들고 그러한 과정과 결과물들이 리더가 이끌고 있는 조직의 비전이나 전략적 방향에 부합하고 전략 실행에 도움이 되도록 하는 노력이 매우 중요하다. 고품질의 집단지성이 정보의 생산, 유통, 소비에 적극적으로 참여하는 전략을 세워야 하고 비전이나 전략적 방향과 같이 가도록 맞추어야 한다. 논의된 지식과 정보의 우선순위 결정에도 많은 노력을 해야 한다.

《대중의 지혜(The Wisdom of Crowds)》라는 책이 있다. 미국의 스로워키(James Surowiecki)가 저술한 책으로 집단지성의 중요성을 강조했는데 그는 '집단지성'이란 말 대신 '대중의 지혜'로 표현하고 있다. 또한 "소수의 엘리트층이 아무리 뛰어나다 하더라도 그들보다는 오히려 많은 대중이 더 똑똑해서 문제해결, 혁신, 현명한 의사결정, 미래예측 등에 더 효과적이다"라고 강조했다. 집단지성 또는 대중이 지혜의 질을 높이기 위해서는 다양성, 독립성, 분산화, 통합의 네 가지를 강조한 것이다.

소수의 엘리트들은 어느 특정 집단의 이익을 대변하느라 도구적 합리주의에 빠지는 경우가 많지만 스로워키가 말한 상기 네 가지 조건을 구비한 대중의 지혜는 객관적이고 효과적인 집단지성이 형성될 수 있다고 생각한다. 도구적 합리주의란 원하는 목표를 달성하기 위해 가장 효과적이고 확실한 수단을 선택하려는 사고를 말한다. 목표를 달성하기 위해 수단과 방법을 가리지 않기도 한다. 도구적 합리주의가 가치 지향적이지 못하고 상생의 마음이 결여된 경우에는 많은 부작용을 가져오기도 한다. 예를 들어 하버드대학교 엘리트 출신이 독재자의 앞잡이로 독재를 정당화시키기 위해 좋은 머리를 활용하여 수단과 방법을 가리지 않고 정책을 건의하는 것이 좋은 예라 하겠다.

집단착각

집단사고와 비슷한 개념인 집단착각이 있다. 지도자나 주류세력들의 잘못된 생각과 집단지성을 발휘하기 위한 전략 부족으로 집단지성을 활성화시키지 못하고 집단착각의 상황을 만들어 가려는 경우도 많다. 미국의 하버드교육대학원 교수이자 신경과학 분야의 최고의 권위자로 알려진 로즈(Todd Rose)가 저술한 《집단착각(Collective Illusion: Conformity, Complicity, and the Science of Why We Make Bad Decisions)》이라는 책이 있다. 당신이 실제로 좋아하지는 않지만 여러 사람들이 좋다고 하면 괜찮다는 착각이 들거나, 모두가 그렇다고 할 때 '아니요'라고 말을 하지 못하는 경우가 많다. 다른 사람들과 언행을 조율하고 싶은 충동 즉 사회학자들이 말하는 순응편향(conformity bias)에 갇히기 쉽다는 것이다.

한국에서도 그러한 흐름이 지속되어 왔다. 지역감정, 이념대립, 진영논리의 함정 때문에 옳고 그름의 관점이 약화되고 있다. 더욱이 국가의 지도자가 그러한 함정에 갇히게 되면 국민과 국가의 입장에서는 불행이다. 최고경영자나 국가지도자는 집단지성이 발휘될 수 있는 환경을 체계적이고, 미래지향적이며, 지속적으로 구축하는 데 전략적 우선 순위를 두어야 한다. 아울러 조직원들이나 국민이 집단사고나 집단착각에 빠지지 않도록 전략적 노력을 집중시켜야 한다. 우리 국민이나 조직의 구성원은 옳지 않은 주장을 바르게 이해하고 주장과 관련된 증거와 가정을 바른 마음으로 분석 평가하는 노력이 필요하다.

● ● ●

지식정보화사회의 핵심적인 테마

뉴패러다임러닝(New Paradigm Learning Corporation)의 설립자인 캐나다의 돈 탭스코트(Don Tapscott)가 1997년 출판한 《디지털경

제를 배우자(The Digital Economy)》라는 이 책은 〈뉴욕타임스(Newyork Times)〉와 〈뉴스워크(Nesweek)〉에서 1년 동안이나 베스트셀러가 될 정도로 많이 읽혀진 책이다. 그는 이 책에서 지식정보화사회 또는 디지털경제(Digital Economy)에서 중요한 12가지 테마에 대해서 설명하고 있다. 원래 신경제란 미국이 1990년대에 누린 장기 호황이 그 이전에는 보기 힘든 '고성장과 저물가'로 미국 경제가 과거와 다른 새로운 경제가 되었다는 주장과 함께 사용된 용어다. 그리고 지식과 정보가 성장의 원동력이 되는 지식정보화사회의 경제를 신경제라고 말하기도 한다. 지식경제(Knowledg Economy), 데이터경제(Data Economy), 이커머스경제(E-commerce Economy)란 용어하고도 일맥상통한다. 그가 말한 12가지 테마는 다음과 같다.

1) 지식(knowledge)

신경제는 지식경제라고 강조하고 있다. Digital Economy 또는 New Economy는 지식경제라고 말하고 있다. 정보나 지식이 중요한 자산이며 자본, 토지, 노동과 더불어 중요한 생산수단이고, 가치를 창출하며, 평가나 투자의 대상이 되기도 한다.

2) 디지털화(Digitalization)

신경제는 디지털 경제라고 강조하고 있다. 신경제의 정보는 디지털 방식이다. 디지털화된 정보가 디지털 네트워크를 통해 전달되는데 방대한 양의 정보가 압축되어 광속으로 전달되고 정보의 질은 아날로그 전송에 의존하던 것에 비해 매우 좋아졌다.

3) 가상화(Virtualization)

정보가 아날로그에서 디지털 형태로 이동하기 때문에 물리적인 것에서 가상적인 것으로 전환된다. 경제활동 자체의 본질이 변화된다. 물리적인 하드웨어 자원을 논리적인 단위로 나누고 통합하여 자원을 활용할 수 있게 해주는 기술이다.

4) 분자화(Molecularization)

신경제는 분자경제라고 말하고 있다. 경제활동의 기초를 이루는 본체와 개개의 구성원들이 모여서 이루어진 집단들과 역학적 분자들에 의해 이전의 회사들이 대체되면서 구경제가 새롭게 창출되고 있다고 말하고 있다.

5) 통합 - 인터넷

신경제는 네트워크 경제라고 말하고 있다. 네트워크를 구성하는 수많은 분자들이 부를 창출하기 위해 다른 요소 및 집합체들을 통합시킨다. 인터넷의 특성 중 하나는 통합된 가치가 부분의 합보다 크다는 것이다.

6) 중간기능의 축소(Disintermediation)

축소는 가치사슬의 중간 단계를 담당하는 조직이나 비즈니스 프로세스 단계를 제거하는 것을 말한다. 생산자와 소비자를 연계하는 중간 기능은 디지털 네트워크로 인해 축소되고 있다. 즉 디지털 시장이 발달할수록 중간 기능이 축소된다고 강조하고 있다.

7) 융합(Convergence)

융합은 무에서 유를 창조하는 것이 아니라 있는 것에 다른 것을 더하여 새로운 가치를 창출하는 것이다. 신경제에서 지배적인 영역은 컴퓨팅, 통신, 컨텐츠 산업이다.

8) 혁신(Innovation)

신경제는 혁신을 기반으로 한 경제라고 강조하고 있다. 신경제 하에서는 틀을 뛰어넘는 상상력과 유연성이 필요하다. 고객의 요구, 시장의 흐름, 새로운 패러다임에 대한 충분한 이해가 필요하다.

9) 소비자 생산(Prosumption)

신경제에서는 생산자와 소비자 간의 차이가 줄어든다. 대량생산이 대중 주문으로 대체되면서 생산자는 개별적 소비자들의 기호와 요구를 반영하는 제품들을 만들어야 한다. 소비자들이 실제 생산 공정에 참여하게 된다.

10) 동시성(Immediacy) 즉시성

비트를 기반으로 한 신경제에서는 동시성이 경제적 활동과 사업 성공의 핵심요소와 변수가 되고 있다. 부품은 공급자에게서 받고 제품은 즉시로 고객에게 선적된다. 창고 보관 기능이 줄고 기업은 대량생산에서 온라인 주문제품 생산으로 이동한다. 기업들은 효율적인 시간 경쟁을 강화하고 있다

11) 세계화(Globalization)

신경제는 글로벌 경제이다. 세계화는 자금, 정보, 기술, 제품,

서비스, 노동의 국가 간 장벽이 없어지고 자유롭게 거래 또는 왕래하는 것이다.

12) 불일치(Discordance)

대량의 사회적 충돌이 일어난다. 그것은 정보고속도로에 접근 할 수 있는 자와 접근할 수 없는 자들 사이의 충돌이 확대되고 있다.

03 제4차 산업혁명

● ● ●
새로운 방식의 디지털 혁명

    지식정보화사회의 발전과 정보와 통신 기술의 발달로 제4차 산업혁명의 시대로 진입하였다. 제4차 산업혁명은 WEF(세계경제포럼) 창시자 클라우스 슈밥이 《제4차 산업혁명(The Fourth Industrial Revolution)》을 발표하면서 널리 알려진 용어다. 첨단기술의 현황과 당면과제, 기회와 위협, 전망과 해법 등에 대해 심도 있게 다룬 슈밥의 책은 제4차 산업혁명의 속도와 범위 그리고 깊이는 국가가 어떻게 발전해나가고, 기업이 어떻게 가치를 창출하여 가느냐에 달려 있다고 지적하고 있다.

    1880년대 증기기관, 수력발전, 기계의 발전을 통한 생산성 혁명이 제1차 산업혁명이라면, 19~20세기 전기와 컨베이어벨트 및 분업에 의한 대량생산 혁명이 제2차 산업혁명이다.

20세기 후반 전자공학과 IT를 이용한 자동화와 컴퓨터와 인터넷 기반의 지식정보 혁명이 제3차 산업혁명인데, 여기에 인공지능(AI software)과 정보기술(빅데이터, IOT, 클라우드 등)이 합쳐져 전자적, 물리적, 생물적 시스템이 융합하여 제4차 산업혁명을 일으킨 것이라고 말하고 있다. 2000년대 들어 나타난 제4차 산업혁명은 지능과 정보기술이 융합된 새로운 방식의 디지털 혁명 위에 구축되었다고 할 수 있다.

● ● ●

슈밥이 제시한 제4차 산업혁명

슈밥은 제4차 산업혁명을 **"물리적, 전자적, 생물적 시스템이 융합하는 인류 최대의 혁명"**이라고 말하고 있다. 사고나 상상력 등의 융합도 매우 중요하다고 생각하는데, 여기에 문화적 시스템도 포함되어야 한다고 생각한다. 제4차 산업혁명 시대에는 초연결(high connectivity), 초지능(super-intelligence), 초융합(super fusion)이 특징이다.

초연결이란 미국의 시장조사업체인 가트너가 기업들의 새 트렌드를 강조하기 위해 2008년 처음 사용한 용어로 모바일 시대를 맞아 사람과 사람, 사람과 사물, 사물과 사물이 복합적으로 다양하게 그리고 빠르게 연결되는 상황을 말한다. 지능화된 사물의 초연결은 생산성을 높이고, 가치를 증대시키며, 효율과 효과성을 증대시킨다고 강조하고 있다.

초연결사회란 디지털 기술을 통해 사람과 사람, 사람과 사물, 사물과 사물, 온라인과 오프라인이 일대일 또는 일 대 다수, 다수 대 다수로 긴밀하게 연결되는 사회를 말한다. 전 세계는 휴대전화, 이메일, 문자메시지, 영상 등을 통해 하나로 연결되어가고 있다. 이로 인해 페이스북, 유튜브, 트위터 등을 통해 시간과 공간에 구애받지 않고 문화 콘텐츠를 공유하며 동질감을 느끼는 세계인(global citizen)이 가상 국가를 만들어내고 있다.

2014년 1월에 열린 스위스 다보스 포럼은 '초연결사회의 도래, 수직적 의사결정의 수평화, 지구촌 의사결정 과정의 변화'를 3대 핵심 주제로 삼았다. **세계적 경영전략가인 탭스콧은 초연결사회의 키워드를 '개방'으로 정의하면서 '협업, 투명성, 지적 재산 공유, 자유'를 초연결사회 개방의 4대 원칙으로 제시하였다.** 초 연결 시대에는 어떤 나라나 기업들도 독자적으로 성공하기 어려우므로 협업, 투명성, 공유, 권력 분산 등을 통한 개방을 통해서만 기업 생존과 경쟁력 향상을 확보할 수 있다고 강조한다.

초지능(super-intelligence)이란 다양한 분야에서 인간의 두뇌를 뛰어넘는 인공지능(AI)을 뜻한다. 많은 나라가 인공지능에 전략적 우선순위를 두고 투자하고 있는데, 챗GPT나 바드 등은 한 단계 레벨-업이 이루어진 인공지능으로, 우리나라에서도 한국형 챗GPT를 개발하고 있다. 인간 수준의 AI가 수년 내에 등장할 것으로 예측된다.

한국은 인공지능 분야에서 선두 그룹에 속해 있다. 빅데이터(big-data)란 복잡하고 다양한 대규모 데이터센터 자체는 물론이고 이 데이터센터로부터 데이터, 정보, 지식을 추출하고 결과를 분석하며 더 큰 가치를 창출하는 기술을 말한다. 챗GPT 등의 AI는 빅데이터에 기반을 두고 있는데, 빅데이터 관련 기술은 데이터를 수집·저장하는 데이터 처리기술과 데이터를 분석하고 시각화하는 데이터 분석기술로 구성되어 있다. 제4차 산업혁명은 지식정보화산업의 복합적, 고차원적, 융합적 발전 과정이라고 주장하는 학자도 있다.

초융합이란 초연결 환경의 조성으로 이전에는 생각할 수 없었던 서로 다른 기술과 산업 사이의 결합이 촉진되어 새로운 융합산업 출현이 촉진되는 것을 말한다.

제4차 산업혁명의 특징은 대체로 지식정보화사회의 특징과 궤를 같이하는 분야가 많다. 변화의 속도가 매우 빠르고 변화의 범위가 광대하며, 근본이 바뀐다. 초연결에 바탕을 두고 초지능과 수많은 분야의 지식과 기술의 초융합이 증가하고 에너지 소비가 매우 낮다. 기존의 일자리가 줄어들고 새로운 직업군이 만들어진다. 여기서는 일자리에 대한 논쟁을 더 깊이 살펴보기로 하겠다.

초고속, 초연결, 초저지연 현상이 확대되고 제4차 산업혁명 산업의 핵심기술과 융합하여 모든 산업의 패러다임을 변화시키고 초경쟁(hyper-competition)을 가져온다. 초저지연이란 종단 간(end to end) 전달시간이 매우 짧은 것을 의미하는 용어이다.

박춘엽 등이 저술한 《제4차 산업혁명의 핵심 전략》에 따르면 제4차 산업혁명의 시대에 발생하는 여러 가지 특징이나 트렌드를 강조하고 있는데 그중 몇 가지 예를 들면 다음과 같다.

첫째, 스마트폰의 활용 범위가 확대된다.

둘째, 연결망(connectivity)의 영향력이 증대된다.

셋째, 인재의 선발과 평가 기준이 달라진다.

넷째, 탄력근무제가 확산된다.

다섯째, 교육과 학습시스템이 변한다.

여섯째, 기업의 사회적 책임이 중요해진다.

일곱째, 농업과 농촌이 부활한다.

여덟째, 노령인구가 증가한다.

* * *

인공지능이 일자리에 미칠 영향

2016년 다보스 포럼에서는 2020년까지 주요 선진국에서 710만 개의 일자리가 인공지능과 로봇에 의해서 사라질 수 있다는 발표가 있었고, 구글이 선정한 미래학자이자 다빈치연구소 소장인 토머스 프레이(Thomas Frey)는 "2030년까지 약 20억 개의 일자리가 사라진다"고까지 말하고 있다. 그런 가운데 일본 후코크생명은 보험금 창구 직원 34명의 역할을 인공지능이 대신한다고 발표하였다. 펀드매니저도 AI로 대체되는 추세에 있을뿐더러 법률서비스도 AI 대체가 가능하게 되고 있다. 실제로 우리나라의 한 업체는 인공지능 법률서비스를 개발하여 세계 인공지능 법률서비스 대회에서 1등 상을 받기도하였다.

빌 게이츠가 말한 7가지 미래에 관한 예언이 있다. 그중 하나가 대량 실직에 관한 것이다. 주목할 내용은 인간의 일자리 감소로 소득세가 줄어들기 때문에 이를 보충하기 위하여 로봇세를 도입해야 한다는 주장이다. 매우 신선하고 창의적이며 인간에 대한 사랑이 담긴 발상이라는 생각이 든다. 스티븐 호킹, 빌 게이츠, 일론 머스크(Elon Musk) 등은 인공지능과 로봇의 발달이 일자리 소멸이라는 재앙으로 이어질 수 있다고 경고하였다.

이러한 상황에서 정부는 제4차 산업혁명의 긍정적인 측면을 통한 일자리 창출을 위해 지속적 투자를 해야 하며, 한류 등 소프트 파워 증강을 통한 비즈니스를 확대하는 정책을 일관되게 추진해야 한다. 북한의 자원 즉 교통자원, 광물자원, 인적자원, 관광자원 등을 활용할 수 있는 정책에도 관심을 가져야 한다. 아울러 대부분의 고용을 책임지고 있는 중소기업 및 중견기업의 경쟁력 강화와 생태계를 위한 획기적 투자에 우선순위를 두며, 대기업과 중소기업 간의 동반 성장 또는 상생 모델을 확대해야 한다. 정치권과 국가지도자들이 지역 갈등과 진영 논리 그리고 남북 대결의 함정에 갇혀 있지 말고 오로지 국가와 국민만을 위해 미래지향적 전략을 수립하고 실천해야 한다고 생각한다.

그러나 낙관론자도 많습니다. 제임스 서로위키는 《대중의 지혜》에서 "로봇이 사람의 일자리를 광범위하게 대체하는 일은 일어나지 않을 것"으로 내다보고 있다. 대만계 과학자이자 벤처투자가인 리카이 푸는 "인공지능의 위협이 과장되고 있다. 최근 바둑, 포커, 이미지인식 등 인공지능 분야에서 뛰어난 발전에도 불구하고 현재의 인공지능은 사람이 지정한 특수한 직무에만 능력을 발휘할 수 있고 미래에도 사람과의 관계 속에서 끊임없이 새로운 니즈를 만들어낼 것인데 인공지능은 이에 대처할 종합적 능력과 감정을 갖추지 못할 것이다. 인공지능과 사람이 공존하는 방법으로 사람이 인공지능을 활용해서 사람만이 느낄 수 있는 감정적 또는 사회적 서비스를 개발하는 것이 중요하다"고 주장하고 있다.

미국인공지능학회 회장을 역임한 에릭 호비츠는 "인공지능이 인간을 보조하는 역할에 그칠 것이므로 두려워할 필요가 없다"면서 "인공지능이 일자리를 빼앗을 것으로 걱정하는 사람이 많지만, 인간과 기계는 향후 수십 년 동안 서로 협력하는 관계일 것"이라고 강조 하고 있다. 인간이 인공지능을 데이터, 추론, 인지적 사고 분야에서 전문가로 활용하여 안전하게 사용할 것이니 걱정하지 않아도 된다는 것이다.

스탠퍼드대학교의 제리 카플란(Jerry Kaplan) 교수는 《인공지능의 미래》에서 "인공지능 시스템과 로봇에 대해 생각할 때 흔히 일자리를 두고 인간과 경쟁하는 기계 노동자들을 떠올리지만 그런 관점은 인공지능이 노동시장에 미칠 영향을 예측하는 데 별로

도움이 되지 않는다. 역사를 돌이켜보면 인공지능을 사용하여 더 많은 부가 창출되면 시간을 두고 새로운 일자리가 창출되는 결과로 이어진다"고 주장한다.

정부와 기업체들이 일자리를 잃은 사람들을 도와 새로운 일자리에 대한 지식, 기술, 마음의 준비, 적응력을 높이도록 전략을 만들어 가야 한다. 노동자들도 변화가 천천히 진행된다면 다행이지만 변화가 빠르고 갑작스러우며 광범위하고 근본이 변하여 새로운 패러다임이 요구되는 경우에는 많은 혼란이 있을 수 있다고 생각한다. 긍정적 마음으로 열정을 가지고 적응하고 도전하는 마음가짐이 필요하다. 그래서 꾸준히 공부해야 한다. 하버드대학교가 강조했던 21세기의 바람직한 인재에는 '꾸준히 공부하는 사람'이 있다는 것을 잘 음미해야 한다.

대량실직의 위험은 국가가 제4차 산업혁명의 추진 과정에서 어떤 전략을 만들어가느냐에 따라 차이가 크게 날 수 있다고 생각한다. "전략 수립 과정에서 기술 발전에 사람의 역량과 인식을 맞출 것인가? 사람의 적응 속도에 맞추어 기술을 제어할 것인가? 편리한 기술을 누리는 것에 앞서 기계의 능력을 어디까지 허용할 것인가? 기계가 침범할 수 있는 인간의 고유영역은 무엇이고 그러한 고유영역을 어떤 우선순위로 어떻게 넓혀갈 것인가? 제4차 산업혁명에 적합한 인재상은 무엇인가? 인재 양성을 위해 교육 개혁은 어떤 방향으로 얼마나 빠르게 진행시켜야 하는가?" 등에 대한 깊은 성찰과 국민적 합의를 만들어 가야 한다. 특히 젊은이들은 새로운 시대의 흐름에 대한 적응력을 높이기 위한 노력을 게을리 하지 말아야 하는 것이 중요하다. 새로운 패러다임을 갖추도록 이끌어야 한다. 찰스 다윈이 말했듯이 적응을 잘하는 개인이나 회사 또는 국가만이 생존하고 번영할 수 있다는 것을 명심해야 한다.

2013년도 노벨 경제학상 수상자이자 예일대학교 교수인 쉴러(Robert Shiller)는 "사회에 커다란 혼란이 온 후에 제4차 산업혁명에 대비하려 한다면 그때는 너무 늦을 것"이라고 경고하였다. 제4차 산업혁명은 국가에 따라 그 발전 단계에 차이가 있지만, 기업과 사회에 가져올 파괴적 혁신과 변화의 속도를 보았을 때 그 흐름에 적절하게 동참하는 것이 매우 중요하다.

● ● ●
제4차 산업혁명의 역작용

초연결, 초지능, 초융합 사회에서는 역작용도 많다고 생각한다. 인간의 정신에 크나큰 영향을 미치는데, 무엇보다 기술 중독의 문제로 과학기술의 노예가 되어갈 수 있다는 것이다. 그것은 인터넷 중독, 스마트폰 중독, 게임 중독, 소셜네트워크 중독 등 다양한 형태로 나타나고 있다. 그리하여 주의력 결핍, 과잉행동 장애, 인지부조화, 반사회성 장애, 비판적 사고능력의 감소, 기억력 저하로 인한 디지털 치매 현상 등이 나타나고 있을뿐더러 정체성 혼란으로 자신의 판단이나 의지 없이 컴퓨터가 시키는 대로 움직이는 사람들이 늘어나고 있다. 기계의 아바타(avatar)로 전락하여 차가 절벽을 향해 가고 있음에도 티맵(T-map)이 안내하는 대로 운전하는 현상이 늘어나는 것도 문제이다. 또 아바타의 뒤에 숨어 비속어 댓글, 가짜뉴스, 중상모략, 인격 모독, 사이버폭력 등 비인간적 언행이 늘어나고 있는데, 이러한 이슈들에 대해 정부는 전략적 대응을 강화해야 한다.

한국의 지식정보화로의 전략적 출발

21세기 한국의 비전에 관한 보고서

2001년 앨빈 토플러는 2001년 6월 07일 김대중 정부에 〈위기를 넘어서: 21세기 한국의 비전〉이라는 제목의 보고서를 제출했다. 다행히 한국은 지식정보화 사회로의 전략적 방향 설정과 과감한 투자 덕분으로 오늘날 지식정보화에서 비교적 앞서갈 수 있게 되었다. 보고서는 다음과 같이 지식정보화사회로 이행할 것을 강력히 권고하였다.

"대통령님께.

우리는 귀하와 정보통신연구원에게 21세기 세계 경제와 그 안에서의 한국의 위상에 관한 보고서를 제출하게 된 것을 무한한 영광으로 생각하는 바입니다. 이 보고서는 한국의 금융 위기나 재벌 구조조정 또는 통일 문제에 관한 것은 아닙니다. 그보다 우리는 일종의 독립적인 자문으로서 한국의 미래에 실현될 변화와 주요 방향에 초점을 맞추었습니다.

우리는 한국이 당면한 도전뿐만 아니라 한국 정부와 국민이 준비만 한다면 성취할 수 있는 헤아릴 수 없이 많은 기회에 관해서도 서술해 놓았습니다. 한국은 지금 선택의 기로에 있습니다. 그 선택은 현재의 모든 한국인뿐만 아니라 앞으로 수십 년 동안 자손들에게도 영향을 미칠 것입니다. 한국인이 스스로 선택하지 않는다면 타인에 의해 선택을 강요당할 것입니다.

선택은 다름 아닌 저임금 경제를 바탕으로 하는 종속 국가(dependent country)로 남을 것인가, 아니면 경쟁력을 확보하고 주도적인 임무를 수행하는 선도 국가(leading country)로 남을 것인가 하는 것입니다. 한국은 산업화 경제에 안주할 것인지, 아니면 혁신적인 경제로 세계를 주도하는 지식기반 경제에 주도적으로 참여할 것인지를 선택해야 합니다. 이 보고서는 지식기반 경제라는 선진 경제에 한국이 참여할 것을 강력히 권고합니다."

보고서는 이어서 일본은 제2의 물결 경제에서 제3의 물결 경제로 이전해가는 도중에 멈춰버렸고, 이런 일본의 전철을 밟아서는 안 된다고 강조한다. 핵심 중의 하나는 굴뚝 산업에만 머물러 있지 말고 지식정보화산업으로 전략적 방향을 바꾸어야 한다는 것이다.

한국이 토플러를 만난 것은 행운이었다고 생각한다. 그의 충고를 적극적으로 받아들인 것은 통찰력 있는 결단이었다. 일본이 산업사회의 우등생이었다면 한국은 지식정보화사회의 우등생이 되고 있다.

1988년 세계 주식 시가총액 상위 20위에 16개 일본회사가 포함되어 있었으나 2024년 3월에는 일본회사가 하나도 없다. 미국회사는 16개며, 10위 안에 7개 업체가 포함되어 있다. 페이팔의 공동 창업자인 피터 틸(Peter Thiel)이 그의 저서 〈제로 투 원(Zero To One)〉에서 강조한 것처럼 새로운 사회에서 새로운 부의 모델을 만든 회사들이다. 1988년 일본의 GDP는 미국의 60% 정도 되었으나 2022년에는 17%로 줄어들었고 플라자 합의나 미일 반도체 협정 등의 사유가 있으나 일본은 변화와 타이밍을 놓쳤기 때문이다. 또한 유럽의 5대 강국(독일,영국,프랑스,이탈리아,스페인)도 마찬가지며 GDP 합계는 미국의 95% 정도였으나 달러의 위력 등 여러 가지 요인과 함께 전략적 변신을 하지 못했기 때문이다. 이에 한국은 앞서고 일본과 유럽의 5대 강국은 많이 뒤떨어져 있음을 말해주고 있다.

05 경쟁에서 상생협력의 시대로

• • •

변화의 기류, 경쟁에서 상생협력으로

자본주의를 표현하는 속성 중 하나가 '약육강식의 정글'이다. 강한 자만이 살아남고 약하면 잡아먹히는 정글이나 마찬가지라는 것이다. 그러나 최근의 추세를 보면 약육강식의 프레임을 넘어 협력과 상생의 정책으로 공존공영하려는 기류가 강해지고 있다. 지식정보화사회의 도래 및 제4차 산업혁명을 맞아 경쟁의 패러다임이 기업 간 경쟁에서 네트워크 간 경쟁, 나아가서는 생태계 간의 경쟁으로 변화되고 있어 경제 주체들 간의 상생협력의 필요성과 제도나 문화 등을 포함한 생태계의 건전성의 중요성이 증대되고 있기 때문이다.

・ ・ ●

상생협력은 시대의 큰 흐름
일자리 창출의 열쇠가 바로 여기
갑을 관계에서 동반자적 관계로 되어야

전체적으로 상생이 중요한 시대로 가고 있다. 물론 지역에 따라 또는 분야에 따라 차이가 있고 어떤 측면에서는 반대로 가고 있다. 그러나 큰 흐름으로 보면 상생이 중요해지고 있다. 노무라 증권에서는 상생 대차대조표를 만들어 소비자 친화, 환경 친화, 사회 친화의 정도를 반영하기도 하였다. 적자생존의 상황에서 화자생존의 상황이 확대되고 있다. 자원이 부족한 우리나라는 특히 다른 나라와 상생의 모델을 만들어가야 지속적 성장을 할 수 있다고 생각된다.

자유 없는 상생은 개인의 매몰을 초래하고, 상생 없는 자유는 세상을 약육강식의 정글 속으로 몰고 간다고 했다. 신자유주의적 경제정책, 세계화, 성장 위주의 경제정책, 고용없는 성장 등은 양극화를 확대하여 갈등을 심화시켜왔다. 지역 갈등, 이념 갈등, 종교 갈등, 세대 갈등, 정치적 갈등 등이 더해지고 있다. 낡은 성장론 위주의 경제정책은 양극화를 심화시켜 갈등을 확산시켜왔다. 낡은 이념 논쟁은 국민을 분열시키고 있다. 낡은 안보론은 남북

관계를 악화시켜 주변국 특히 일본만 좋아하는 지역 구도가 되기도 한다. 상생의 전략 모델을 만들어 가야 한다.

상생은 희생과 양보가 아니라 합리성을 추구하며 상대를 굴복시키거나 섬멸하는 극단주의가 아니고 서로의 가치를 확대하는 상호존중의 더불어 사는 게임이라 할 수 있다. 공생은 소극적 의미의 '리빙 투게더(living together)' 라고 할 수 있다. 상생은 적극적 의미로 'growing together'의 개념이라고 할 수 있다.

하버드대학교의 이안시티(M. Iansiti) 교수는 세계 초일류기업은 창조적이고 건강한 기업 생태계 조성을 통해 성공하고 있다고 강조한다. 예를 들면 상생 경영은 대기업과 중소기업이 저임금을 가지고 싸우는 것이 아니라, 기술을 매개로 나라 전체의 기업생태계의 경쟁력을 강화해 모두가 잘사는 상생 모델을 만들어야 하는 것이다. 협력의 부가가치가 경쟁의 부가가치보다 높도록 노력해야 한다. 즉 상생협력은 건강하고 지속 가능한 경쟁 생태계를 만들어가는 수단이며 이를 통해 대기업과 중소기업이 동반 성장하고 국가 경쟁력을 강화시키는 바람직한 방법이다.

조너던 하이트(Jonathan Haidt)는 《바른 마음(The Righteous Mind)》의 서문에서 "오늘날 한국 사회는 지역, 성별, 연령, 빈부, 정치로 여러 면에서 사분오열된 형국이다. 나는 이 책이 쓸모 있는 도구가 되어 한국인들이 서로를 잘 이해할 수 있게 되기를 바란다"고 말하고 있다. 한국은 배제와 균열의 비타협 대결 게임에 갇혀 있다. 각각의 주장은 최선처럼 보이지만 전체를 모아 놓으면 바람직하지 않는 집단오류의 현상을 보이기도 한다. 집단이기주의적 사고에 젖어 국가적 차원에서 손해를 보는 모순적 상황 또는 비생산적 상황에서 벗어나지 못하고 있다.

한국의 갈등 수준은 OECD 국가 중 2위에서 4위 사이의 심한 상황에 있다. 비극적인 결과이다. 삼성경제연구소는 10여 년 전 한국의 갈등관리 비용이 매년 최소 80조 원이 넘는다는 충격적인 보고서를 내놓았다. 그러나 갈등관리 비용은 일본이나 프랑스 등에 비해 매우 낮은 것으로 나타났다. 한국의 국가지도자들이 갈등을 줄이려는 정책보다는 갈등을 이용해서 정파적 목적을 달성하는 데 혈안이 되어 있다는 통계자료이다.

사람은 개인성과 공동체성의 두 가지 측면과 마주하는데 개인성에서의 원리를 자유라 한다면 공동체성에서의 원리는 상생이다. 개인의 권리와 책임을 강조하는 개인주의는 국가에 의한 개인 인권의 침해를 방지하고 개인으로 하여금 최선을 다하게 함으로써 근대사회의 발전에 크게 기여하였다. 그러나 개인과 개인, 집단과 집단, 개인과 집단 사이에 발생하는 이해 상충 문제를 해결하는데는 한계가 있다. 그래서 사회적 자본이 중요시 되고 있으며 문제해결의 방향은 바로 상생의 마음이다.

'나'와 '우리' 사이에서 조화 또는 균형을 유지해야 한다. 하버드대학교 로버트 퍼트넘(Robert D. Putnam) 교수는 《나 홀로 볼링(Bowling Alone)》에서 미국 사회의 상승과 하락을 공동체로 상징되는 사회적 자본을 통해 파헤치고 있다. 사회적 자본은 불평등 또는 양극화 신화 등 사회경제적 위기를 풀어갈 해법이라고 주장한다. 그는 미국의 125년의 역사는 "나에서 우리로, 다시 우리에서 나로" 변화해온 역사라 강조하고 있다. 사회적 자본은 공동체의 건전한 발전, 학교와 이웃 간의 관계 개선, 건전한 경제발전, 민주주의 유지, 건강과 행복에 크나큰 영향을 준다고 강조하고 있다. 미국 대통령 4명을 자문한 석학이자 사회개혁가의 통찰이다.

상생의 마음이 없는 사회에서는 보편적 원칙이 무시되고, 잣대가 두 개인 경우가 많다. 자기가 하면 로맨스요 남이 하면 불륜이라고 우기는 상황이 많다. 또 정의가 사라지고, 죽기 아니면 살기 식으로 적과 동지의 투쟁이 확산되는 경향이 있다. 소모적 논쟁과 단점 찾기가 성행하여 뺄셈의 사회가 되기 쉽다. 유능한 사람이 배척되고 무능한 사람이 활개 치는 사회가 되기 쉽다. 국가나 회사의 성장 잠재력이 훼손될 수밖에 없다.

미국의 심리학자 리처드 니스벳(Richard Nisbett)은 《생각의 지도(The Geography of Thought)》에서 서양인은 승패를 가리려는 경향이 강하고 동양인은 전통적으로 승패보다는 조화를 이루려는 경향이 강하다고 주장한다. 어머니와 딸의 논쟁에서 서양인은 어머니가 옳든 딸이 옳든 결론을 내려 하지만 동양인의 전통적인 사고는 어머니도 맞고 딸도 맞을 수 있다는 사고를 한다고 말한다. 대결이 아니라 조화의 미덕이다. 상생의 문화를 만드는 데 매우 중요한 시사점을 말해주고 있다.

일반적으로 동양인(주로 한국, 중국, 일본)은 종합적 사고를 하고 서양인은 분석적 사고를 한다고 강조하고 있다. 종합적 사고를 하는 경향이 있는 동양인은 조화를 중요하게 여긴다. 이러한 역사적 문화적 배경에도 불구하고 한국의 갈등 수준이 높은 것은 국가지도자들의 편협하고 집단이기주의적 사고방식과 상당히 많은 국민의 낮은 의식 수준 때문이기도 하다. 건전하고 미래지향적이며 가치 지향적인 상생의 문화를 만들어가야 한다.

상생의 틀을 위해서는 4가지 기본 조건이 있어야 한다. 다양성(diversification), 개방성(openness), 시너지(synergy), 독자성(identity)이다.

예를 들면 진보와 보수가, 대기업과 중소 협력사가, 고용주와 노동자가, 여당과 야당이 다양성을 가지고 개방적인 태도로 공존하고 협력하여 서로의 시너지를 극대화하되, 상호 존중하는 마음으로 고유의 독립성 또는 정체성을 유지 · 발전시켜야 한다. 그래서 우리에게는 다원적 사고가 필요하다. 분열이 아닌 통합, 이기적인 경쟁이 아닌 협력의 마인드를 키워가야 한다. 상생협력의 문화를 만들어가야 한다. 상생협력은 피할 수 없는 흐름이며 21세기의 중요한 경쟁 전략 및 경영 전략이 되고 있다.

2008년 스위스 다보스 포럼의 10대 메시지 중의 하나는 '미래경제의 키워드는 협력의 경제학(Collabonomics)' 이었다. 컬래버노믹스(Collabonomics)란 Collaboration(협력)과 Economics(경제학)의 합성어로서 협력의 경제학 또는 상생경제학의 뜻을 가지고 있다. 경제주체들 또는 사업의 내 외부 파트너들(고객, 종업원, 주주, 시장, 정부 등) 간의 상생협력의 중요성을 강조한 메시지라고 생각된다.

몽테뉴적 사고라는 말이 있다. '너 죽고 나 살자' 의 사고라고도 비유된다. 한 사람의 이익은 다른 사람의 손실을 의미하며, 다른 사람에게 손해를 끼치지 않고는 이익을 볼 수 없다는 사고를 말한다. 예를 들면 '의사의 이익은 환자의 불행' 이라는 제로섬 게임의 사고이다. 오스트리아계 미국인 루트비히 폰 미제스(Ludwig Heinrich von Mises)가 이것을 '몽테뉴적 오류'라고 하였다. 의사가 환자를 고치면 의사도 좋고 환자도 좋은 것이 현실의 세계로, 상생의 세계다.

무어(James Moor)는 그의 명저 《경쟁의 종말(The Death of Competition)》에서 기업생태계 시대의 리더십과 전략에 대해 설명하고 있다. 전통적 의미의 경쟁이 사라지고 있다는 뜻이지 경쟁 자체가 없어졌다는 뜻이 아니다. 그는 경쟁에 대한 전통적인 사고방식은 제품이나 서비스를 제공하면 시장 논리에 의해 경쟁우위가 결정된다는 것인데 이러한 관점이 갖는 문제점은 그 기업이 놓인 상황, 또는 환경을 고려하지 않는다고 말하고 있다. 그러한 환경 속에서 다른 기업들과 함께 나아가야 할 필요성, 즉 경쟁뿐만 아니라 협력도 중요함을 무시한다는 것이다. 기업 각자의 잘못은 많지 않은데 기업 생태계 자체가 무너짐으로서 사라질 수 있다는 사실을 무시한다는 것이다. 상생에 입각한 기업 생태계가 중요한 이유이다.

다행히 삼성을 비롯한 한국의 주요 기업들이 상생을 위한 기업 생태계의 중요성을 강조하고 있다. 공정거래위원회를 비롯한 정부의 노력도 높은 평가를 받아야 한다. 삼성의 이건희 회장은

"상생경영은 21세기 경영현장에서 우선적으로 요구되는 경영철학이다. 날로 치열해지는 경쟁 상황에서 협력업체의 경쟁력 강화는 곧 자사의 경쟁력 강화의 지름길이다. 협력업체와 주종 관계에서 동반자적 관계로 패러다임을 바꾸어야 한다"라고 강조하였다. 현대의 정몽구 회장도 "세계 최고 품질의 제품을 생산하기 위해서는 협력업체 또한 세계 최고여야 한다. 신뢰에 입각한 협력업체와의 상생협력 관계가 글로벌 무한경쟁 시대의 기업 경쟁력의 핵심이다"라고 강조하였다. SK 최태원 회장도 "상생협력이 제대로 뿌리내리기 위해서는 경제 주체들이 문제의 진정성을 가지고 꾸준히 노력해가야 한다. 상생협력이 기업 문화의 일부분이 되도록 노력해야 한다"라고 강조하였다.

LG의 구본무 회장도 "이제 상생은 기업 경쟁력 강화 수단으로 지속적으로 추진해야 할 경영 전략이다. 협력업체와 상생협력 파트너십이 훼손되지 않도록 사회 전체와 미래를 내다보며 경영활동을 해야 한다"라고 강조하였다. 인식의 틀이 많이 변화되고 있다. 정부의 전략적 의지, 관련업체들의 인식, 법적 또는 제도적 장치, 상생협력을 위한 문화 등의 실현을 위해 경제 주체들이 소통과 협력을 통해 긴 안목으로 꾸준히 추진되어야 한다.

물적 자본과 인적자본 시대에 이어 제3세대 자본 개념인 사회적 자본(social capital)의 시대가 도래했다. 일반적으로 사회적 자본이란 일정 집단을 형성하는 사회구성원 간 공동의 이익을 위한 협력과 참여를 창출하는 무형자산을 의미하며 사회의 협력과 거래를 촉진시키는 신뢰, 규범, 연결망을 말한다.

OECD에서는 사회적 자본을 "집단에, 혹은 집단 간 협력을 촉진하는 공유된 규범, 가치, 이해와 결합한 네트워크"라고 정의하고 있다. 사회적 자본에 대한 설명은 다양하다. 그래서 경영학자와 경제학자들이 2000년에 브라질 꾸리치바에서 열린 세계경영 및경제학회에서 열띤 논쟁 끝에 신뢰성, 진실성, 단결성, 개방성 4가지의 사회적 자본의 구성 요소를 제시하였다.

히딩크 전 대한민국 축구대표팀 감독은 2002년 월드컵에서 한국을 4강에 오르게 하여 극찬을 받았다. 그의 성공 비결 중의 하나는 'HI-FIVE 전략' 이다.

첫번째 I는 impartiality의 약자로 'equal treatment to everybody' 를 말한다. 누구에게나 동등한 대우를 한다는 뜻이다. 그러다 보니 다양성이 확보되고 포용의 문화가 정착되기도 한다. 그래서 히딩크 감독 시절에 박지성, 이영표, 기성용 선수 등이 배출되는 자양분이 되었다.

상생 체계 구축을 위한 사회적 자본을 이야기하는 것은 도덕이 아니라 경쟁력, 즉 무한경쟁 속에서 경쟁력 강화를 말한다. 경쟁이 협력을 만나면 경쟁력이 강화되고, 기술이 진보되면 시장이 넓어지며, 시장이 넓어지면 대기업과 중소기업이 지속 가능한 성장을 할 수 있는 상생협력의 메커니즘 또는 생태계가 형성된다고 생각한다. 상생협력은 국가의 성장 잠재력과 기업 생태계를 가꾸어가는 중요한 원천이 된다. 구성원들이 고루고루 행복해지는 사회로 가는 중요한 출발점이기도 하다. 국가지도자들이 국민을 쪼개어 이득을 보겠다는 작은 생각에서 벗어나야 한다. 최소한 국민은 진영 논리의 함정에서 벗어나야 국가가 건전하게 발전한다고 생각한다.

새는 좌우의 양쪽 날개로 날아야 멀리 날고 높이 날 수 있다고 했다. 진영이 다르더라도 상생의 마음을 가지고 소통하고 협력해야 국가가 부강해질 수 있다. 역사적으로 나라의 흥망성쇠에 가장 중요한 요인이었던 포용의 문화를 확대시켜가야 한다.

그런데 한국의 사회적 자본지수는 높지 않다. 두바이에 본사를 두고 있는 레가툼(Legatum)이라는 기관이 '레가툼 세계 번영 지수(Legatum Prosperity Index)'를 발표하였다. 경제, 경영환경, 국가경영, 교육, 보건, 안전 · 안보, 개인의 자유, 자연환경, 사회적 자본 등 9가지 지표를 중심으로 평가한 결과를 발표한 내용이다. 한국은 종합 순위 29위를 기록하였다. 그런데 사회적 자본은 167개국 중 107위였다. 사회적 자본의 세부 요인은 개인 가족 간 관계, 사회적 연결망, 상호 신뢰, 공적 신뢰, 시민적 또는 사회적 참여 등이다. 특히 정부 관련 지수들이 매우 좋지 않았다.

한국경제연구원의 임동원 연구원의 '사회적 자본인 신뢰 회복을 위한 투명성 개선' 에서 우리나라 공공기관의 신뢰 지수는 매우 낮은 것으로 조사되었다. 공공기관 신뢰는 100위, 정부는 111위, 정치인은 114위, 군인은 132위였고 사법 시스템은 155위로 가장 낮은 수준이었다. 법이 급속한 변화나 흐름을 제때에 제대로 담아내지 못하고 있다는 뜻이기도 하다.

"몽고, 로마, 페르시아, 영국 등의 최전성기에는 모두 관용의 문화가 있었다"는 《제국의 미래》 저자이며 예일대학교 교수 에이미 추아(Amy Chua)의 말을 잘 음미해야 한다. 관용의 밑바닥에는 소통의 마음과 상생의 마음이 있다.

오스트리아 사회학자 칼 포퍼(Karl Popper)는 《열린 사회와 그 적들(Open Society and it' s Enemies)》에서 "열린 사회에는 세 가지 특징이 있다"고 했는데 다원주의, 자유주의, 관용주의이다. 다름이 틀림이라고 생각하지 않는 사회이다. 우리 사회가 모순과 갈등이 있더라도 관용주의를 바탕으로 대화와 타협을 통해 갈등과 모순을 해결해가야 한다. 특히 지도자들의 열린 마음과 상생의 마음은 국가의 지속적 발전을 위한 기본이다. 반대로 공산주의나 민주주의 허울을 쓴 독재사회로 대변되는 닫힌 사회는 독단주의, 권위주의와 함께 개인의 자유를 침해하는 것이 특징이라 했다.

잣대가 두 개이고 편파적인 법 적용이 만연한 사회이다. 이러한 사회는 국민이 행복해하는 지속적 성장을 할 수 없는 사회이다. 시진핑의 중국, 푸틴의 러시아, 김정은의 북한 등 닫힌 사회들에서는 지속적 성장에 어려움이 가중되리라 생각한다. 우리나라도 지속적 성장을 위해서는 열린 사회의 문화를 만들어 가야한다.

06 에너지 전환의 시대로

• • •

　향후 20~30년은 혁명적인 에너지 전환(energy transition)이 일어날 것으로 생각된다. 에너지 전환이란 미래 환경의 지속 가능성을 위해 화석연료 및 핵분열식 원자력 기반의 에너지 시스템을 친환경, 저탄소 에너지 시스템으로 전환하기 위한 전 세계적인 움직임을 말한다. 에너지를 생산하고 소비하는 방식의 글로벌 변화라고 할 수 있다.

　2010년경부터 에너지 전환에 대한 담론이 선진국을 중심으로 학계를 벗어나 정치와 경제계에서도 중요하게 논의되기 시작하였다. 이 흐름에 제때에 동참하지 않으면 크나큰 희생을 부담하게 될 상황이 올 수도 있다. 독일의 사회학자 막스 베버(Max Weber)는 "화석연료의 종말이 현대경제 질서의 종말과 마찬가지다"라고 말하기도 하였다.

에너지 전환의 목적은 다음과 같다.

1) 지속 가능한 에너지 공급

생태학적 관점, 경제적 관점, 사회적 관점 모두를 포괄하는 지속 가능한 에너지로의 전환은 필수적인 흐름이다.

2) 기후 변화 대응

지구 온난화는 생각보다 빠르게 진행되고 있다. 기후의 불규칙성도 증대되고 있다. 영국이 40도의 폭염으로 시달리고 있는 것은 매우 드문 일이다. 해수량의 증가로 가라앉고 있는 남태평양 섬들의 주민들이 아우성치고 있다.

3) 위험 예방

독일의 에너지전환정책연구소는 위험 예방을 에너지 전환의 주요한 목적으로 간주하고 있다. 1986년 체르노빌과 2011년 후쿠시마 원전 사고에서 나타났듯 핵분열 방식의 원자력의 위험은 안전하게 다루기 어렵다고 강조했다. 핵분열식 원자력에 크게 의존하고 있고 산업적 강점이 있는 우리나라로서는 고민이 많아질 수밖에 없다.

4) 자원의 희소성

석탄, 석유, 가스 등 화석연료는 자원이 유한하다. 화석연료에 기반한 에너지의 생산·소비시스템의 경제적 가치는 점점 더 떨어질 수밖에 없다. 지식정보화사회, 꿈의 사회, 메타버스의 도래와 함께 에너지 사용 산업의 비중이 줄어들 것이다. 그럼에도 공급량의 줄어드는 속도는 멈출 수 없을 것이다. 대체에너지의 주요성이 여기에 있다.

5) 국가 경제

수입에 크게 의존하던 기존의 에너지 자원(석유, 석탄, 가스, 우라늄 등)과 달리 재생 에너지는 수입의존도를 줄이게 된다.

에너지 전환의 대상은 크게 전력, 난방, 운송의 세 가지로 보고 있다. 미래 에너지의 기본 조건으로는 충분한 에너지 공급, 수요 기반의 에너지 품질, 에너지 안보, 자원 보존성, 낮은 위험도, 환경 지속성, 국제적 호환성, 사회적 수용성, 저비용의 경제성을 들 수 있다.

에너지 전환을 미래 성장의 동력으로 삼아야 한다. 2010년에 설립한 국제재생에너지기구(IRENA)는 2030년까지 전 세계 최대

2,400만 명의 고용을 창출할 수 있다고 보고 있다. 대체 에너지로는 풍력, 태양광, 바이오매스 및 폐기물, 핵융합식 원자력, 수소 등으로 다양하다. 전기차 배터리는 우리나라가 최강국이다. 아직도 갈 길은 멀지만 핵융합식 원자력 발전과 수소 분야에서 우리나라는 선두 그룹에 있다고 한다.

실제로 미국에서는 2010~2021년 사이 화석연료 전기량은 13% 감소하였고 재생 가능한 자원에 의한 전기량은 250% 증가한 것으로 보고되었다. 2019년 기준 전세계 재생에너지 설비 투자 규모는 풍력(138억 달러)과 태양광(131억 달러)에 집중되고 있다.

꿈의 사회로

• • •

한류와 눈앞에 다가온 꿈의 사회

하와이대학교 미래전략센터 소장이며 앨빈 토플러와 함께 세계미래학회를 창립하여 회장을 역임한 짐 데이토(Jim Dator) 교수는 "한 가지 확실한 것은 지식정보화사회 다음엔 꿈의 사회(dream society)의 해일이 밀려온다는 것"이라고 강조한다.

꿈의 사회란 꿈, 상상력, 이미지, 스토리가 경제의 중요한 동력이 되는 사회를 말하며 경제의 주력 엔진이 지식과 정보에서 이미지, 상상력, 꿈, 스토리로 넘어가고 이들을 만들어내는 상상력과 창조성이 핵심 경쟁력이 되는 사회를 말한다. 문화, 이미지, 스토리, 상상력, 꿈과 같은 무형자산을 사고파는 사회가 온다고 말한다. 그래서 상상력과 창조성이 개인이나 회사 그리고 국가경쟁력의 핵심이 되는 사회이다.

영화, 드라마, 음악, 뷰티 등이 세계 각국에서 인기를 끌면서 퍼져나가는 한류가 꿈의 사회에서 일어나는 일의 한 예이다. 이는 새로운 경제 및 사회의 패러다임이며 꿈, 이미지, 스토리, 상상력의 생산, 결합, 유통이 경제의 뼈대가 되는 사회를 말한다. 어린이들은 나이키 운동화를 신으면 자기가 마이클 조던이 된 줄 착각한다. 상품 너머 이미지를 사기 때문이다. 품질 좋은 제품은 많지만, 그 뒤에 있는 이미지는 다른 상품으로 대체하기가 쉽지 않다고 했다.

요즈음 여성들이 명품 가방을 좋아하는 이유이기도 하다. K-팝이 전 세계를 휩쓸고 있는 상황에서 한국의 BTS나 블랙핑크 멤버 등 많은 한류 연예인이 세계적 회사들의 광고 모델이 되는 배경이기도 하다. 2013년에 900만 명이던 한류 팬은 2023년에 2억 2,500만 명으로 폭발적인 증가세를 보이고 있다. 공식적으로 등록된 숫자이다. 등록되지 않은 한류 팬의 숫자는 이보다 몇 배는 많으리라 생각된다.

미래엔 많은 시간을 인터넷 등 가상공간에서 보내게 되며 그 속에서 자신의 이미지를 마음대로 조작해서 보여주게 된다. 그래서 실제 모습보다 어떻게 보이느냐가 더욱 중요하다. 요즈음 젊은 사람들은 인터넷에서 실제 얼굴 대신 아바타(애니메이션 캐릭터)

를 내세우고 실제 이름 대신 아이디(ID)로 부르는데 이것이 꿈에 의한 사회의 초기 징후라고 말하고 있다.

데이토 교수는 한국이 꿈의 사회로 진입한 제1호 국가라고 하였다. 그는 그 이유를 "한류라는 흐름 속에서 스스로의 이미지를 상품으로 포장해 수출했기 때문"이라고 보았다. 한국은 정부 차원에서 한류를 수출하고 있는데 이미지가 돈이 된다는 것을 알아챈 세계 최초의 국가라고 강조하고 있다. 그리고 한국은 앞선 IT 기술을 가지고 있기 때문에 이 둘을 잘 조합한다면 훨씬 더 큰 경쟁력을 갖게 되고 미래 세계의 주역이 될 것이고 꿈꾸는 사회의 아이콘이 될 것으로 전망한다.

덴마크의 미래학자 롤프 옌센은 그의 저서 《꿈의 사회(Dream Society)》에서 이제는 지식정보화사회가 끝나가고 꿈의 사회가 오고 있다고 주장하고 있다. 그의 주장을 요약하면 다음과 같다.

"정보화사회의 태양이 지고 있다. 우리가 그 사회에 완전히 적응하기도 전에 말이다. 인류는 수렵꾼으로, 또 농부로 살았고, 공장에서도 일했다. 그리고 지금은 컴퓨터와 인터넷으로 대변되는 정보화사회에 살고 있다. 그러나 이제 또 다른 형태의 사회를 맞이하고 있다. 바로 꿈의 사회다. 이것은 신화와 꿈, 이야기를 바탕으로 시장을 형성하는 새로운 사회다. 이런 맥락에서 미래의 상품은 이성이 아니라 감성에 호소할 수 있어야 한다. 꿈의 사회의 시장은 감성과 꿈이 지배한다. 이 시장에서 승리하려면 이야기를 존중해야 한다. 이야기를 품지 못하는 아이디어는 존재할 가치가 없다. 이야기를 품지 못하는 상품은 창고에 처박힐 것이다. 이야기 없이는 그 어떤 부가가치도 낳지 못한다. 소비자들은 이제 상품 그 자체를 사는 것이 아니라 상품에 담긴 이야기를 산다."

조금 극단적인 경향이 있지만 하나의 흐름임에는 분명하다. 그는 재화와 서비스에 어떻게 이야기를 담을 수 있는지, 세 가지를 말하고 있다. **첫째로 이야깃거리가 있는 사람을 활용하고, 둘째로 새로운 이야기를 창출할 수 있는 이벤트를 만들며, 셋째로 고객 스스로 이야기를 만들어낼 수 있는 상황을 만들어주어야 한다**고 강조한다. 덴마크의 인어공주상, 벨기에의 오줌 싸는 소년상, 독일의 로렐라이 언덕에 수많은 관광객이 몰리는 것도 이야기의 힘이라는 생각이 든다. 세 곳 모두 방문하였지만 실제로는 별것 없었다는 생각이 들었다.

소비자는 감성이나 이야기에 물건을 사고 나중에 이성으로 이를 합리화한다고 한다. 그러기 위해서는 소통이 매우 중요하고 소통의 본질은 설득이 아니라 공감이라고 했다. 공감할 수 있는 이야기를 만들어 내는 상상력과 직관력 그리고 통찰력이 매우 중요하다. 정보 산업의 자동화와 감성의 상품화가 사회나 국가 발전의 중요한 동력이 되는 사회로 가고 있다.

메타버스(Metaverse)는 초월이나 가상을 뜻하는 meta와 현실 세계를 뜻하는 universe의 합성어이다. 3차원의 가상 세계 또는 초현실 세계를 말한다. 메타버스는 가상현실(virtual reality) 또는 증강현실(augmented reality)과 유사한 개념이지만 단순히 오락이나 게임을 넘어 실제로 경제, 문화 및 사회활동이 이루어진다는 점에서 보다 광범위한 개념이다. 증강현실은 현실 세계에 가상 물체를 겹쳐 보여주는 기술이다. 현실에 3D 가상 세계를 합쳐 하나의 영상으로 보여주어 혼합현실(mixed reality) 또는 확장현실이라고도 한다. 증강현실의 특징은 현실과 가상의 결합이고 실시간으로 작용하는 것이다.

2022년 한국 정부가 발표한 〈메타버스 신산업 선도전략〉에서 메타버스란 "가상과 현실이 융합된 공간에서 사람과 사람, 사람과 사물, 사물과 사물이 상호 작용하며 경제, 사회, 문화적 가치를 창출하는 세계(platform)"라고 정의하였다. 즉 가상과 현실이 상호작용하며 공진화하고 그 속에서 사회, 경제, 문화 활동이 이루어지면서 가치를 창출하는 세계라 할 수 있다.

미국의 비영리 연구재단인 ASF(Acceleration Studies Foundation)는 메타버스를 이전의 가상 세계에서 조금 더 진보된 개념으로 현실 세계와 가상 세계가 융합되는 현상으로 정의하였다. 진짜를 능가하는 가짜의 출현은 우리에게 새로운 시대를 예고하고 있다. 현실 세계보다 더 가치가 있는 가상 세계가 오고 있는 것이다.

원래 메타버스의 개념은 1992년 미국의 SF 작가 닐 스티븐슨의 소설 《스노 크래시(Snow Crash)》에 처음 등장하였다. 현실 세계와 가상 세계를 넘나드는 모험을 그린 작품으로, 저자의 창의적 상상력이 돋보인다. 메타버스가 처음 등장한 영화는 1999년에 제작된 〈매트릭스(Matrix)〉로 인류, 대부분이 인공지능이 만든 가상 세계에서 현실인 것처럼 살아가는 것을 그린 영화다. 제임스 카메론 감독이 2009년에 만든 〈아바타(Avatar)〉에서는 현실 세계와 가상 세계의 구분이 없어진다.

2018년 스필버그 감독이 만든 〈레디 플레이어 원(Ready Player One)〉은 사람들이 현실의 세계에서보다 가상 세계에서 더 중요한 의미를 두며 가상 세계에 빠져 사는 모습을 그린 영화다.

메타버스에는 여러 가지 문제점이 있기도 하다. 디지털 기반을 둔 메타버스에서 개개인의 활동이 감시당하고 이용당할 수 있으며, 저작권 문제도 있다. 메타버스 안에서 만들어진 콘텐츠는 모두가 디지털 콘텐츠라서 공유가 쉬워서 불법복제 또한 쉽다. 도덕적 또는 윤리적 측면의 부작용도 있을 수 있다. 기술의 활용 능력, 경제력, 사회적 위치에 따른 정보 격차는 불가피해 보인다. 메타페인도 문제인데, 메타버스에서 보내는 시간이 많아지고 현실보다 메타버스에서의 삶에 집착하면서 현실과 단절된 생활을 하려는 메타페인이 등장하게 될 수도 있다.

이러한 부작용이나 문제점에도 불구하고 메타버스는 빠르게 온다고 강조되고 있다. 글로벌 메타버스 시장 규모도 엄청나게 커진다고 예측되고 있다. 독일의 시장조사업체 스태티스타(Statista)는 2021년 글로벌 메타버스 시장의 규모를 307억 달러로 보았고 2024년에는 3,000억 달러에 육박할 정도로 커질 것이라고 예상하였다. 메타버스 시장이 3년에 10배가 커지는 규모이다. 폭발적인 증가이다. 우리가 눈여겨보아야 하는 이유이다.

엔비디아(NVIDIA) CEO 젠슨 황은 "지난 20년간이 인터넷의 놀라운 시대였다면 앞으로 20년은 메타버스 시대가 될 것"이라고 강조하고 있다. 메타버스는 우리의 정치, 경제, 사회, 문화, 스포츠, 제조, 가정 등 거의 모든 영역에서 확장될 것으로 예상되고 있다. 기업들은 메타버스 시대의 일하는 방식을 혁신하고, 생산성 혁신 방안을 모색하며, 협력 사업 모델을 만들어 가야 한다. 개인도 메타버스가 요구하는 인재의 소양을 키워가야 한다. 실제로 미국을 비롯한 주요 국가들의 메타버스를 위한 기술 개발 및 투자는 빠르게 증가하고 있다. 메타버스를 주도하고 있는 나라들은 미국, 중국, 한국, 일본, EU인 것으로 나타나고 있다.

미국의 〈뉴욕타임스〉는 2023년 1월 "한국이 메타버스 엔터테인먼트 분야의 선두 국가"라고 보도했다. 한국은 대중문화 분야에서 메타버스 비즈니스를 실현하기 위한 최적화된 테스트 베드를 갖추고 있다고 강조하였다. 그리고 어떤 메타버스 트렌드가 해외에서 미국으로 들어올 때 그것의 원조가 될 가능성이 가장 많은 국가는 한국이라고 강조하고 있다.

메타버스 시대에는 가상 세계에서 자라난 인재들이 환영받을 것이다. 상상력이 뛰어나고 여러 분야를 연결하고 융합하는 다재다능한 멀티플레어, 즉 폴리매스(polymath)형 인재가 환영받고 경쟁력을 갖출 것이다. 어떤 질문에 정답을 말하는 인재보다 세상을 향해, 그리고 자기를 향해 질문을 던지고 다양한 답을 도출할 줄 아는 인재가 메타버스 시대에 필요한 인재라 할 수 있다. 메타버스에 필요한 인재나 폴리매스형 인재에 대해서는 이 책의 후반부에 별도로 설명하고 있다.

09

국제화와
세계화로

. . .

국제화와 세계화의 차이

국제화(internalization)는 한 국가에 기반을 두고 다른 국가로 진출하는 것. 즉 기본적으로 국가라는 개념을 전제로 생각해서 다른 국가로 진출하는 것이라 말할 수 있다. 국제화는 현지화를 수반해야 하고 세계화는 표준화를 검토해야 한다. 국제화는 세계화의 하위 개념이다. 세계화는 국제화의 다음 단계라고 생각된다.

세계화(globalization)란 개별 국가의 개념이 약해지고 세계가 단일의 공동체로 확산되는 것을 의미하기도 한다. 세계를 한 울타리로 보고 인류 공동의 보편타당한 가치를 중시한다. 세계화 개념은 1983년 하버드대학교 T. 레빗 교수가 《시장의 세계화(The Globalization of the Market)》를 발표한 이후 유행하기 시작했다. 미국의 강력한 정책적 의지의 산물이기도 하다. 기든스(Anthony

Giddens)는 세계화를 "한 지역과 다른 지역 간 영향을 주고받는 것이 심화되는 현상"이라고 정의하였다. 키글리(Charles Kegley)와 위트코프(Eugene Wittkopf)는 세계화를 시장, 금융, 기술 등 분야의 통합 과정이라고 말하는데, 세계화란 결국 세계를 하나의 시장으로 보고 국가 및 지역 간에 존재하는 상품, 서비스, 자본, 노동, 정보, 기술 등에 대한 인위적 장벽을 제거해 거대한 단일시장으로 통합해가는 과정이라 말할 수 있다.

현실에서는 세계화와 국제화를 구분하지 않고 사용되는 경향이 있다. 국제화는 세계화의 하위 개념이기도 하므로 이 책에서는 세계화를 광범위하게 해석하여 세계화로 통일하여 사용하겠다. 이 책이 순수한 학문적 목적이 아니기 때문이다.

· · ·
세계화는 좋은 기회

세계화는 교통의 발달, 기술 개발, 무역 장벽의 완화, 해외상품에 대한 수요 증가, 노동인구의 이동, 자본시장의 개방, 해외 투자의 활성화 등에 힘입어 확대되어 왔다. 피터 드러커는 지식정보화사회의 특징 중의 하나는 국경이 없어지고 있다는 것이라면서, 지식이나 정보는 경계가 약하다고 강조했다. 그러나 가장 중요한 요인으로는 강대국, 특히 미국의 전략을 들 수 있다. 미국이 풍부한 자금과 기술을 앞세워 그들에게 유리한 게임을 만들어가는 과정 중의 하나가 세계화라고 생각한다.

내실화 없는 세계화는 자칫 잘못하면 강대국 식민지 경제체제로 전락할 수 있다는 학자들의 우려에도 관심을 기울여야 한다. 미국의 금융자본에 기반을 둔 세계화에 반기를 든 유럽식 세계화는 자국의 경제적 내실화에 역점을 두었다. 우리가 눈여겨보아야 할 대목이다.

시장이 작고 자원이 부족하지만 인적자원이 풍부한 우리나라는 세계화의 흐름을 적극적으로 활용하는 정책들을 실현해가야 하겠지만, 부작용을 최소화하는 정책 개발에도 관심과 노력을 쏟아야 한다. 경제적 강자들만을 위한 경제가 되어서는 향후 많은 문제점을 남기게 된다. 세계화에는 긍정적 측면들이 많은데, 경쟁이나 특화 등을 통해 자본이나 노동 등 자원을 최적으로 배분하고 효율적으로 활용할 수 있다. 국가 간, 지역 간, 기업 간, 계층 간의 격심한 경쟁을 통해 효율을 극대화할 수 있다. 시장의 세계화로 규모의 경제를 이룩할 수 있다.

시장이 협소한 우리나라로서는 좋은 기회라는 생각이 든다. 저

렴한 인건비를 찾아서, 또는 더 큰 시장을 찾아서, 또는 전략적 제휴를 위해 생산시설이 활발하게 이전되기도 한다. 세율이 낮거나 규제가 상대적으로 심하지 않은 지역으로 본사를 이전하고 자회사를 설립하기도 한다. 세계화는 결국 개발도상국의 경제 성장을 돕기도 한다. 고급 인적자원이 풍부한 지역이나 국가로 투자가 확대되기도 한다.

독일의 유명한 경영학계의 구루(guru)인 헤르만 지몬(Herman Simon) 교수는 독일의 경제를 이끄는 데 중요한 역할을 한 기업들을 히든 챔피언(Hidden Champion)이라 말한다. 그는 히든 챔피언의 공통적인 전략은 핵심 역량에 집중하는 집중화 전략, 가격 주도 전략이 아닌 가치 주도 전략, 혁신과 리더십 그리고 세계화의 큰 흐름(mega-trend)을 적극적으로 활용하는 것이라고 강조한다.

우리나라도 1990년대 중반에 본격적으로 세계화의 흐름에 정책적 전략을 수립 또는 시행하기 시작하였다. 1994년 초, 김영삼 대통령은 신년사에서 정치, 경제, 사회 등 모든 분야에서 선진화, 국제화, 미래화를 위한 개혁을 강조하였다. 김영삼 대통령은 1994년 11월 17일 호주 시드니에서 〈세계화 선언〉을 발표하였다. 1995년 세계화 추진위원들과의 간담회에서 김영삼 정부는 세계화란 일류화, 합리화, 일체화, 한국화, 인류화 등 5가지 의미를 담고 있다고 세계화 추진의 전략적 방향을 제시하였다. 이것은 큰 흐름으로 볼 때 통찰력 있는 결정이었다.

세계화에 따른 다양한 측면의 변화 속에서 우리는 소통 능력(언어, 태도, 마음, 행동, 전략, 패러다임 등)을 키우고 국가적 관점과 세계적 관점 사이에서 균형감을 잃지 않고 문화의 주체성을 유지 또는 발전시키면서 다양성도 포용하는 개방적 태도와 상생의 자세를 겸비해야 한다. 변화된 패러다임이 필요하다. 다문화에 대한 열린 마음을 가지고 이해하고 상생의 구도를 만들어가야 한다. 한국의 건국 이념인 홍익인간의 정신이 힘을 발휘할 때이다. 특히 널리 인간 세계를 이롭게 한다는 뜻을 지닌 홍익인간의 정신이 문화 한류를 통해 전 세계적으로 확산되고 있기도 하다.

● ● ●

세계화의 역행

최근에는 세계화의 흐름이 약해지거나 반대의 방향으로 가고 있기도 하다. 글로벌 금융 위기의 가능성, 코로나 상황의 후유증, 미·중 갈등의 확대, 러시아의 우크라이나 침공, 중국의 대만 위협, 글로벌 자본에 대한 적대 세력의 확대, 글로벌 공급망의 붕괴, 양극화의 심화와 중산·서민층의 경제적 어려움 가중, 동맹 시스템의 불안정 등으로 세계화가 주춤거리고 있다. 지역에 따라, 또는 분야에 따라 세계화가 후퇴되는 경향을 보이고 있기도 한다.

스탠퍼드대학교의 니얼 퍼거슨 교수는 세계화의 흐름은 중국의 WTO 가입 직전인 2000년 수준으로 돌아갈 것이라면서 세계화의 정치적 비용이 경제적 이득을 초과하기 시작하였다고 주장한다. 현재처럼 구속력 없는 세계화는 국가 간 갈등만 키워갈 것이라면서 코로나로 인한 공급망 대란, 식량 대란, 에너지 대란, 기타 주요 원자재 대란은 세계적으로 물가 상승(global inflation)에 강한 압박으로 이어질 것이라고 강조하였다. 프랑스 정치인 마린 르펜은 세계화는 우리의 문명을 위태롭게 만든다고까지 강조하였다.

미국의 경제학자 스티븐 킹(Stephen D. King)은 《세계화의 종말(Grave New World)》에서 "세계화를 이끌었던 미국이 탈세계화에 앞장서고 있다"면서 "지금의 탈세계화 바람은 미풍에 불과하여 많은 나라가 자국의 이익을 위해 탈세계화 흐름에 동참할 것"이라고 주장한다. 그리고 미국을 비롯한 주요 국가들의 대중전략이 디커플링에서 위험관리로 가는 흐름을 보이고 있다,

10

수요자 중심의
사회로

공급자 중심에서 수요자 중심의 사고로

네덜란드의 필립스(Phillips) 형제가 1891년에 설립한 필립스라
는 회사가 있다. 가전, 의료기기 등에서 괄목할 만한 발자취를 보
이는 회사이다. 필립스의 경영 모토 변천 과정을 보면 매우 흥미
롭다. 1980년대까지의 경영 모토는 "Phillips Invent for You"였
다. 거만한 공급자 중심의 사고가 보인다. 훌륭한 기술을 가졌음
에도 크게 성공하지 못했다.

1990년대의 경영 모토는 "Let's Make Things Better"로 변화
되었다. 거만함은 줄었지만, 아직도 공급자 중심의 사고가 깔려
있다. 방대한 조직(60여 개의 사업부와 29만 명의 종업원)에 크나큰 적
자를 감수해야 했다.

그래서 2000년대 들어 경영 모토가 "Sense and Simplicity"로

바뀌게 된다. 수요자 중심의 사고를 반영한 것이다. 시장과 고객의 움직임을 느끼고 반응해 고객이 원하는 것을 만드는 조직으로 탈바꿈하려고 노력하였다. 성과는 좋았다.

전 세계적으로 수요자 중심의 사고는 정치, 경제, 사회, 문화, 교육 등 거의 모든 분야에서 급속하게 확대되고 있다. 우리나라도 예외는 아니다. 오늘날 주민센터를 가보면 옛날의 관료적 행태는 찾아보기 힘들 정도이다. 여러 지방자치단체도 수요자 즉 국민을 위한 전략이 담겨진 일들을 많이 하고 있다.

김동연 경기도지사는 2022년 10월 29일에 일어난 이태원 참사 희생자 합동분향소를 설치하면서 "안전대책 등이 수요자 중심이 아니라 여전히 공급자 중심인 경우가 많다. 이제는 달라져야 한다. 경기도가 먼저 시작하겠다"면서 수요자 중심 사고의 중요성을 강조했다.

● ● ●

4-P 전략을 넘어 4-C 전략으로

경영에서 '4-P 전략'이라는 것이 있다. 4-P란 product(제품),

price(가격), promotion(판매촉진), place(유통경로)를 말한다. 공급자 중심의 전략이라 할 수 있으며 '4-C 전략'이 중요해지고 있다. 4-C란 customer value(고객의 가치), customer cost(고객이 부담하는 비용), convenience(고객의 편리성), communication(고객과의 소통)으로 수요자 중심의 사고가 반영된 전략이라 할 수 있다. 판매 지향에서 고객 지향으로 바뀌는 수요자 중심이 반영된 전략 중 하나이다. '4-P 경영'도 중요 하지만 수요자를 먼저 배려하는 '4-C 경영'이 더욱 중요해지는 사회로 가고 있다.

엘리엇 에텐버그(Elliot Ettenberg)는 《넥스트 이코노미(Next Economy)》에서 수요자 중심의 시장에서 키워야 할 8가지 핵심 역량을 얘기하면서 relationship(관계)의 중요성을 강조하고 있다. 수요자 중심의 사고에 대한 인식이 깔려 있다.

펜실베이니아주립대학교 샘 리처드(Sam Richard) 교수는 강의를 시작하면서 "45mn. 25 hours"라는 문구를 띄우면서 학생들에게 무슨 뜻인지 말해보라고 하였다. 답을 말한 학생은 없었다. BTS가 25시간에 유튜브 조회 수 4,500만 회를 기록하여 기네스북에 올랐다는 얘기였다. BTS에 대해 말하는 것이 목적이 아니었다. 시장을 알아야 하고 세계가 어떻게 돌아가는지 알아야 하며 수요자들이 어떤 생각을 하고 있는지 알아야 한다는 것을 강조하기 위함이기도 하였다. 미국 안에서 우물 안 개구리 식 사고에서 벗어나야 한다고 강조하였다. 이러한 수요자의 동태를 파악하지 않고는 글로벌 마케팅(global marketing)에 성공할 수 없다고 강조하였다.

고객의 욕구는 빠르게 변하고, 다양해지며, 변덕스럽고, 고도화되어가고 있다. 소비자의 힘이 커지고 있으며 생산자와 소비자 간에 정보 소유의 비대칭 현상이 줄어들고 있기 때문이기도 하다. 지식정보화사회의 발달로 소비자는 여러 가지 제품이나 서비스를 다양하게 평가하는 정보에 접근하기 쉬워지고 있다. 인터넷을 통하여 소비자끼리 정보를 주고받기도 한다. 소품종 대량 생산에서 다품종 소량 생산이 확대되는 영역이 늘고 있다. 다양해지고 있는 고객 욕구로 변화해가고 있기 때문이다. 국가의 지도자나 경영자가 이러한 흐름을 인지하지 못하면서 전략을 수행하면 효율성이나 효과성이 떨어질 수밖에 없다. 수요자 중심으로의 인식 변화는 지도자나 경영자의 가장 중요한 경쟁력이 되고 있다고 할 수 있다.

11 수직 사회에서 수평 사회로

• • •

우리는 오랫동안 수직 사회에서 폐쇄와 독점, 통제, 권력과 위계 질서, 명령과 복종, 연공서열을 당연시하고 적응하면서 살아왔다. 그러나 지금은 수평 사회로 급격하게 변화되고 있다. 지식 정보화사회의 발달로 수평 사회로의 변화는 가속화되고 있다.

2006년 〈타임즈〉의 올해의 인물에는 'YOU'가 선정되었다. 특정한 개인이나 조직이 아닌 대중 전체를 선정하였다. 소수의 천재 시대가 가고 다수의 '평범한 당신' 즉 '집단지성'의 시대가 오고 있음을 말해주고 있다. 수평 사회는 새로운 사회의 특성 중의 하나이다. 소수의 머리보다 다수의 꼬리가 중요한 '롱테일 법칙'이 주목받는 시대로 변하고 있다. 20% 주류보다 80%의 비주류의 힘이 커지고 있는 사회로 변화하고 있다.

폐쇄가 아닌 개방, 독점이 아닌 공유, 통제가 아닌 참여, 일방 소통이 아닌 쌍방 소통이 더 중요해지는 사회로 가고 있다. 구글,

유튜브, 넷플릭스, 페이스북, 트위터 등은 개방을 통해 정보의 공유와 참여를 극대화하여 커다란 성공을 만들고 있다. 스마트폰과 인터넷은 소유하고 축적하던 사회를 접속하고, 공유하며, 참여하는 사회로 바꾸고 있다. 수평 사회의 특징 중의 하나인 공유경제가 미래 사회를 만들어 가는 혁신 중의 하나이다.

20세기에는 갑과 을이 상하 관계였다면 21세기의 수평 사회에서는 갑과 을이 상생하는 수평적 관계로 변화되고 있다. 상생의 정신 또는 상생 전략이 중요한 이유이기도 하다. 특히 인터넷이 수평 사회를 촉발하여 확대하고 있다. 수평 사회의 특징들은 쌍방 또는 다원적 소통, 유연한 조직, 팀형 조직, 수평 조직, 수레바퀴 조직 등이 포함되고 있다. 조직 구조의 최소화, 권력 거리의 조정, 구성원의 권한과 책임의 범위 설정, 리더십의 변화까지 구조적 변화를 추진해야 하는 사회로 가고 있다.

기능성 의류를 생산하는 미국의 W.L·고어앤어소시에이트(W. L. Gore & Associates)라는 회사가 있다. 직원들이 고용주와 종업원이라는 상하 관계로 연결되어 있는 것이 아니고 동등한 수평적 관계를 표방하는 수평적 매트릭스 조직으로 되어 있다. 직원들을 종업원 대신 동료라는 개념인 어소시에이트(associate)라고 부르며 누구든 '고객 만족 최고사령관'이란 직책을 쓸 수 있다고 한다. 최고경영자도 직원들이 선출하고 있다. 미국에서 이러한 기업들이 늘어나고 있다고 한다.

수평 사회에서는 피라미드 조직보다는 네트워크 조직이 효과적이다. 일과 사람의 관점도 중요하지만 사람과 사람의 관점은 더욱 중요하다. 경력도 중요하지만, 창의력은 더욱 중요한 사회이다. 소통과 협력의 마음이 중요하고, 정보 공유의 확대가 중요한 사회이다.

수직 조직의 최고경영자는 위에서 아래로 보지만 수평 사회의 원형 조직의 최고경영자는 가운데에서 밖으로 본다고 할 수 있다. 피터 드러커는 미래 조직의 특성을 오케스트라에 비유하였다. 연주자마다 다른 악기를 연주하면서 독자적인 권한을 가지고 있지만 화음, 즉 비전을 향해 나아가야 하는 것이다. 조화가 생명이기도 하고 개인과 조직 또는 개인과 개인의 상생 정신에 입각한 소통과 협력이 매우 중요하다. 이러한 수평 조직은 역할 중심의 조직이다. 할리우드 영화 제작을 위한 조직과 흡사하다. 상상력과 창의력이 중요한 사회나 업무에 적합한 조직이다.

수평 사회에서의 최고경영자는 독단적으로 리드만 하려 해서는 안 된다. 더불어 가는 마음이 중요하다. 좌우상하의 다면적 소통을 통해 경청하고 협력하며 상생의 문화를 만들어가야 한다.

우리나라에서도 대기업을 중심으로 수평 문화의 확산에 전략적 노력을 기울이고 있다. 삼성그룹 이재용 회장은 연수회에 참석하여 호칭 변경을 강조하면서 '회장님' 대신에 '재용님' 이라 불러달라고 주문했다고 한다. 삼성전자는 경영진이나 임원들의 수평 호칭 가이드라인을 공지하였다. 삼성전자는 "변화를 향한 길은 언제나 낯설고 어색하지만 방향이 옳다는 믿음으로 꾸준히 걷다 보면 언젠가는 우리가 바라보게 될 풍경은 달라져 있을 것이며 상호 존중의 철학 기반 하에 수평 호칭 문화 정착을 위해 경영진 임원진 모두의 관심과 실천을 부탁드린다"고 하였다.

삼성전기는 임직원들의 호칭을 '프로' 로 통일하여 '김 부장' 이나 '김 과장' 대신 '김 프로' 로 바꾸었다. 모두 수평 사회 문화의 정착을 위한 조치들이라 할 수 있다.

SK그룹도 임원들의 직급을 폐지하였다. 최태원 회장은 신년 인사회에서 "임원부터 꼰대가 되지 말고 희생해야 공동체가 행복해집니다"라고 강조하며 수평적 조직 문화의 중요성을 역설하였다고 한다. 현대자동차의 정의선 회장도 기존의 틀을 깨고 새로운 소통 방식을 추진하면서 수평적·능동적 조직 문화 구축의 중요성을 강조하였다.

수평적 조직 문화를 만드는 것은 쉬운 일이 아니다. 체계적인 전략, 꾸준한 노력, 최고경영자의 강한 의지, 임직원들의 하나 된 마음이 매우 중요하다고 생각된다. IBM을 오늘날과 같은 거대기업으로 만든 루이스 거스너(Louis Gerstner)는 "CEO가 되기 전에는 기업 문화가 가장 중요하다고 생각했다. 그런데 그것이 아니었다. 기업 문화가 전부였다"고 말하였다. 기업 문화의 중요성을 강조한 말이다. 언제나 새로운 제도나 패러다임을 만들어가려면 기업 문화의 구축을 통해야 가장 효과적이고 지속성이 강하다고 생각된다.

• • •

개혁과 혁신

지금의 사회는 개선만으로는 안 되는 사회라고 했다. 개혁이나 혁신 없이는 생존 번영할 수 없다고 했다. 스티브 잡스, 톰 피터스, 잭 웰치같은 전문 경영인이 공통적으로 강조한 것은 '창의력을 바탕으로 한 변화와 혁신'이다. 톰 피터스(Tom Peters)는 "상품이나 서비스를 어제보다 조금 더 좋게 만들려고 애쓰는 사람들의 운명은 죽음뿐"이라고 강조하기까지 하였다. 삼성의 이건희 회장의 "마누라만 빼고 다 바꾸자"라는 명언도 같은 맥락이다.

존 맥스웰(John Maxwell)은 《생각의 법칙(Thinking for a Change)》에서 11가지 사고 유형을 강조했는데 그중 하나가 '통념적 사고가 아닌 혁신적 사고'이다. 많은 부분이 빠르게 변하고, 근본이 변하며, 광범위하게 변화하고 있는 지식정보화사회 및 제4차 산업혁명의 시대에 생존 번영하기 위해 가장 중요한 것이 개혁 또는 혁신이라는 얘기이다.

행정안전부 장관과 청와대 혁신 수석을 지낸 이용섭 전 광주시장은 《대한민국 희망 에너지 혁신》에서 다음과 같이 강조했다.

"혁신의 핵심 가치는 창조성이고 산업사회의 가치, 관행, 규칙을 버리고 지식 정보화 사회에 적합한 새로운 가치와 정신을 창조하는 것이 혁신의 한 부분이다. 낡은 생각, 가치, 관행, 인식의 틀을 버리고 새로운 가치를 찾는 창조적 변화의 과정이다. 창조적 파괴의 내용과 창조의 방향이 중요하고 변화의 크기, 방향, 속도가 혁신의 성공을 좌우한다. 혁신 없이 대한민국은 세계로, 미래로, 선진 강국의 길로 나아갈 수 없다. 과거는 환경에 가장 잘 적응하는 자가 살아남는 적자생존의 시대였다면 지금의 사회는 자신뿐만 아니라 주어진 환경 자체를 변화시키거나 혁신하는 혁자생존의 시대이다. 산업사회에서는 큰 것이 작은 것을 잡아먹는 규모의 시대였다면 지식정보화사회에서는 빠른 것이 느린 것을 잡아먹는 속도의 시대"다. 깊고 명쾌한 통찰력에 감복하는 마음이다.

변지석 · 이경주는 공저 《신경영 패러다임 10》에서 "지속적인 혁신으로 변화에 대응하는 것"이 새로운 경영의 패러다임이라고 강조했고, 피터 드러커는 "경영자의 인식변화는 커다란 혁신의 기회를 여는 것"이라고 강조하였다.

IBM 경영혁신팀에서는 "개선은 얽힌 매듭을 푸는 것이고 혁신은 얽힌 매듭을 끊어버리는 것"이라고 정의하였다고 한다. 개혁과 혁신은 비슷하기도 해서 혼동이 많이 된다. 개혁은 사회제도, 기구, 정치체제 등을 새롭게 뜯어고치는 것이라 할 수 있다. 혁신은 묵은 풍속, 관습, 조직, 방법, 인식의 틀 등을 완전히 바꾸어 새롭게 하는 것이라 할 수 있다.

혁신은 개혁보다 대상 영역이 넓고 권위의 수준은 낮은 편이다. 개혁은 현재의 부정적 상태에 대한 인위적 · 의도적 변화를 전제하고 있는 반면에 혁신은 상대적으로 가치중립적 성격을 가진다고 할 수 있다. 개혁은 정치 체제상의 변화와 연관이 많고 혁신은 합리성이 중시되기도 하다.

또 혁신은 새로운 것의 창조를 의미하며 과거의 익숙한 것으로부터의 단절 및 창조적 파괴를 뜻하는 것과 달리, 개혁은 기존에 존재하였던 것을 다른 모습으로 만드는 것을 뜻한다고 할 수 있다. 혁신은 창조적 파괴의 연속적 과정, 즉 끊임없는 과정을 의미하여 지속성과 상시성을 특징으로 하는 데 비해, 개혁은 일시적 탈바꿈을 의미하는 경향이 있기도 하다.

피터 드러커는 《미래의 조직》에서 개선과 혁신의 진행을 4가지로 보았다. 개선과 혁신의 순차적 진행, 개선과 혁신의 선택적 적용, 개선과 혁신의 분업적 동시 적용, 개선과 혁신의 상호보완적 병행 추진이다. 조직의 상황, 여건, 필요에 따라 선택도 하고 동시적으로 적용해가야 한다고 할 수 있다.

현실의 세계에서는 개혁이나 혁신은 매우 어렵다. 그래서 치밀한 전략과 최고책임자의 강한 의지 그리고 인내를 바탕으로 한 일관된 추진 등이 조화를 이루어져야 한다. 일본의 이타미 히로유키 교수는 개혁을 방해하는 요인을 두 가지로 설명했다.

첫째는 인간의 타성(human lock)으로서 사람들의 사고나 행동 패턴이 고착화해 있어 변화를 거부하거나 변화 자체에 대한 기피 감정이 있어 변화에 소극적이라는 것이다.

둘째는 구조적 어려움(system lock)으로서 각종 제도, 업무 프로세스, 관행 등이 상호 연관되어 있어 부분적인 변화로는 성과를 보지 못하거나 전체의 변경에는 너무 큰 비용과 노력이 소요되어 개혁을 포기하게 된다는 것이다.

루트번스타인 부부는 《생각의 탄생》에서 혁신의 기법이란 항상 모든 분야에 걸쳐 있으며 다양한 방법론을 가지고 있다고 강조했다. 따라서 미래는 우리가 앎의 방법 모두를 통합해서 얼마만큼 종합적 이해를 만들어내느냐에 달려 있다고 한다. 지식, 정보, 지혜의 통합적 이해와 종합하는 마음이 새로운 사회에 맞는 패러다임, 통찰력, 직관력을 만날 때 미래 사회를 위한 창조성과 가치 창출이 증대된다.

13 실패의 자산화 시대로

● ● ●

실패가 주는 의미와 실패의 종류

사회학자 칼 포퍼(Karl Popper)는 《열린 사회와 그 적들(Open Society and it's Enemies)》에서 "인간은 실수로부터 배우고 실수는 지극히 정상"이라면서, "인간은 실수와 그것의 수정을 통해서만 지식을 증진한다"고까지 하였다. 그가 말한 '열린 사회(Open Society)'는 두 가지 의미를 포함한다.

첫째는 서로 생각이 다른 사람들이 공통의 가치를 추구하되 서로를 존중하고 상생하는 사회를 말한다.

둘째는 잘못을 시인하고 시정해가는 사회다. 실수나 실패에 대한 긍정적이고 창조적인 접근이 강조되고 있다. 실패의 자산화 흐름의 이론적 밑바탕이 되는 사람 중의 한 사람이다.

세계 3대 투자가의 한 사람인 조지 소로스(George Soros)는 "모든 것은 불확실하고 인간은 반드시 과오를 범한다"고 주장하며 칼 포퍼의 이념을 확산시키기 위해 세계 각국에 열린사회재단을 설립해 사회주의 국가와 개발도상국가의 사회개혁에 전력을 다하고 있다. 소로스는 경제의 실패는 경제 이론에 대한 이해가 부족하거나 통계 자료가 부족해서 야기 되는 것이 아니라고 강조하기도 하였다.

실패에는 3가지 종류가 있다고 하겠다. **인지 실패, 판단 실패, 행동 실패**이다.

인지 실패는 정보나 지식을 알지 못해서 발생 되는 실패를 말한다. 인지부조화로 인한 실패의 반복은 경계해야 한다. 심리학에서 말하는 인지부조화란 사람은 자신의 결정이 옳다고 믿고 싶어하고 실패했을지 모른다고 생각하면 심리적 갈등이 생기는 상태를 말한다. 우리 마음속에 인지부조화가 일어나면 그것을 직시하지 않고 자신에게 편한 변명이나 해석을 찾게 된다고 한다. 인지 실패를 극복하기 위해서는 꾸준히 공부해야 한다고 했다. 새로운 시대나 사회에 적합한 패러다임을 갖추는 노력은 더욱 중요다 할 수 있다.

판단 실패란 정보나 지식 등을 알고는 있었지만, 판단의 잘못으로 실패하는 것을 말한다. 올바른 판단을 하기 위해서는 입체적 사고나 맥락적 사고로 전체를 보아야 하고 맥락을 읽어내는 능력이 중요하다 할 수 있다. 집단지성의 힘을 활용해야 한다. 다면적 토론이나 회의가 필요한 이유이다.

행동 실패는 지식이나 정보를 알고 있었고 올바른 판단을 하였으나 행동으로 옮기지 않았거나 잘못된 행동을 함으로써 발생하는 실패를 말한다. 실천하지 않는 판단은 의미가 줄어든다. 김대중 대통령이 강조했던 '행동하는 양심'도 같은 맥락이다. 이러한 실패들을 없애거나 최소화하기 위해서는 실패에 대한 의미를 탐구하고 종합적인 이해와 대책이 필요하다.

자기 존중의 감정과 낙관주의적 사고 그리고 실패의 현실을 있는 그대로 보려는 현실적 사고에 더하여 입체적 사고와 유연한 사고가 조화를 이룰 때 실패의 자산화는 강화될 수 있다. 새로운 눈으로 새로운 것을 볼 수 있는 통찰력이나 맥락지능 그리고 새로운 패러다임은 실패의 자산화에 매우 중요하다. 아집과 확증 편향 그리고 세상과 사람에 대한 통찰력이 없고 자기중심적 사고를 지닌 지도자들이나 최고경영자들은 실패에서 배우지 못하고 시행착오를 반복하여 인적·물적·시스템적 자원이나 신뢰와 상생에 입각한 사회적 자본의 낭비를 초래하게 된다.

실패의 성공학

역사적으로 성공한 삶 중에는 실패를 많이 한 사람들이 많다. 링컨 대통령, 에디슨, 라이트 형제, 처칠 등이 유명하다. 처칠은 "성공이란 열정을 간직한 채 실패와 실패 사이를 무사히 건너가는 능력이다. 절대 포기하지 마라. 예외는 없다. 절대, 절대, 절대로 포기하지 마라"고 강조하였다. 실패가 문제가 아니라 실패를 극복하는 마음이 중요하다는 얘기이다.

삼성의 이건희 회장은 20대에는 평범했고, 30대에는 실패자였으며, 40대에는 세계 최고의 경영자가 된 것으로 알려져 있다. 그는 삼성그룹 부회장 취임 후 처음 13년(회장 5년 포함) 간은 처절하게 실패했다고 한다.

이지성은 《스물일곱 이건희처럼》에서 이건희 회장은 부회장 8년과 회장 첫 5년 동안에 처절한 실패를 경험하였다고 강조하고 있다. 이러한 실패가 바탕이 되어서 이건희 회장은 오늘의 삼성을 만드는 데 혁혁한 공을 세웠다고 생각된다. 이건희 회장이 실패학 정신의 신봉자로 불리는 배경에 이해가 간다.

IBM의 설립자 토마스 제이 왓슨은 "성공하는 비결은 실패율을 두 배로 높이는 것"이라고 강조하였다. 포기하지 않고 도전하면 실패 자체가 성공의 원동력이 된다는 얘기이기도 하다.

그 외에도 실패를 많이 한 사람들은 아인슈타인, 혼다의 소이치로 등이 있다. 특히 소이치로 회장은 "내가 지금까지 한 일 중에 99%는 실패였다"고 말하여 사람들을 놀라게 하였다. 미국 대통령을 지낸 오바마 리더십을 만드는 4가지는 '약점을 강점으로 바꾸는 능력, 적을 만들지 않는 포용의 리더십, 자신의 한계를 인정하지 않는 도전정신, 패배에서 배우고 다시 일어서는 끈기'라고 말한다.

실패에 관한 명언이 많은데, 중요한 몇 가지는 다음과 같다.

"실패하는 사람은 용기 있고 큰일을 성취하려는 열정이 있는 사람이다. 실패하지 않는 유일한 길은 도전하지 않는 것이다. 실패가 문제가 아니라 위험을 감수하지 않으려는 사고방식이 문제다. 중요한 것은 한 번도 실패하지 않은 것이 아니라 넘어질 때마다 일어서는 것이다. 용감한 사람은 두려움이 없는 사람이 아니고 두려움을 이겨내고 행동하는 사람이다. 실패가 당신을 실패하게 만드는 것이 아니라 중단하는 것이 실패하게 만들 뿐이다. 실패는 당신이 포기해야 함을 의미하는 것이 아니라 더 열심히 해야 함을 의미할 뿐이다. 실패는 당신이 아무것도 성취하지 못했다는 것을 의미하는 것이 아니라 무엇인가를 새로 배웠다는 것을 의미한다. 실패는 당신이 열등함을 의미하는 것이 아니라 아직 완전하지 못함을 의미할 뿐이다. 실패란 보다 현명하게 다시 시작할 수 있는 기회다. 실패가 당신을 실패하게 만든 것이 아니라 중단하는 것이 실패하게 만들 뿐이다."

핵심은 인간은 반드시 실패를 많이 하나 인내심을 가지고 그것을 극복하는 긍정적 사고의 소유자가 되어야 하고 성공한 사람들은 성공보다 실패가 더 많았던 사람들이라는 것을 강조하고 있다. 그래서 **"포기하지 마. 포기하지 마. 절대로 포기하지 마"**라고 한 윈스턴 처칠의 연설이 명연설로 칭송받는 것이라고 생각한다. 우리의 자녀들에게 큰 꿈을 갖게 하고, 열정을 키워주며, 실패를 두려워하지 않는 도전정신을 갖도록 해야 하는 이유이다.

2000년대에는 경영학계에 실패학(Failure Study)이 등장하기 시작하였다. 그 선두에 도쿄대학교의 하타무라 요타로(Hatamura Yotaro) 교수가 있다. 실패학의 창시자라고 알려진 사람이다. 그는 실패학이란 성공하지 못한 방법인 실패를 배움으로써 실패의 경험을 살리자는 것이라고 강조한다. 즉 실패하지 않으려면 무엇을 해야 하는가를 공부하는 것이 아니고 실패에 대해 연구함으로써 집단지성의 지혜를 얻고자 하는 것이라고 말한다. 실패의 경험이 귀중한 자원이라는 사실을 인정하는 마음이 매우 중요하다 할 수 있다. 실패를 창조적 경영 활동의 일부로 받아들여야 한다는 움직임이다. 빠르게 변화하고, 근본이 변화하며, 광범위하게 변화하여, 불확실성이 확대되고 있는 지식정보화사회 및 제4차 산업혁명의 사회에서는 실패에 대한 열린 마음이 매우 중요하다. 그는 실패가 성공되기 위해서는 실패의 원인 분석, 대책 수립, 실패 감정 극복, 끝까지 포기하지 않고 도전하는 마음이 중요하다고 강조한다.

2015년에 미국의 보스턴 컨설팅 그룹(Boston Consulting Group)의 조사에 의하면 조사 대상(응답자) 기업의 31%가 혁신의 가장 큰 장애물이 위험을 감수하지 않으려는 문화(risk averse culture)라고 했다.

미국 3M 회장 윌리엄 맥나이트(William McKnight)는 "어렵지만 가장 최상의 일은 모험과 도전정신 하에 추진하는 일이었다"고 말한다. 실패를 두려워하지 않는 도전정신의 중요성을 강조한 것이다.

픽사(Pixa)의 최고경영자(CEO) 에드윈 캣멀(Ed Catmull)은 "실패는 필요악이 아니다"라고 강조하였다. 실패는 악 자체가 아니라는 얘기로, 실패에 대한 매우 긍정적 표현이라는 생각이 든다. 실패학의 5대 정신이 있는데, 새겨둘 만하다.

> 첫째, 누구나 실패한다.
> 둘째, 실패 없이 성공 없다.
> 셋째, 실패는 자산이다.
> 넷째, 실패는 성공으로 가는 과정이다.
> 다섯째, 실패를 망각하면 반복된다.

실패로부터 배우려면 실패에 대한 감정을 잘 다스려야 한다고 생각한다. 실패의 자산화를 위한 과정과 시스템이 아무리 좋더라도 실패에 관련된 사람들의 실패에 대한 감정을 극복하지 않고는 트라우마에 갇혀 있기 쉽기 때문이다. 실패 감정을 효과적으로 극복하기 위해서는 마음을 효과적으로 다스려야 한다. 정당한 실패가 용인되는 기업 문화를 만들어가야 한다. 기업 문화도 마음에 관한 사항들이 많다. 많은 회사가 마음 훈련을 경영의 중요한 부분으로 생각하는 흐름이 확산되고 있다. 마음을 다스리는 명상이 경영에 활용되는 흐름이 강화되고 있다. 이러한 명상 특히 마음 챙김 명상(mindfulness)을 장소에 구애받지 않고 실천할 수 있는 이론적 탐구도 활발해지고 있다. 경영의 세계에서 마음을 다루는 심리학이 중요한 이유이기도 한다.

고령사회로

• • •
수명연장과 초저출산 문제

인구문제는 경제 활동에서 가장 중요한 이슈 중 하나이다. 지구상의 인구는 전체적으로 급격하게 늘어나고 있는 추세다. 1780년대 초반 지구상의 인구는 10억 명이었다. 20억 명이 되는데 120년 정도가 걸렸다. 1987년에 50억 명으로 늘어났고 2023년에 80억 명 인구의 시대가 도래되고 있다. 유엔의 보고서에 의하면 2037년에는 90억 명, 2100년에는 104억 명으로 늘어난다고 한다. 폭발적으로 증가하는 추세로, 인구폭발은 기아, 환경, 범죄 등 많은 문제점을 유발한다.

예를 들면 1987년의 탄소 배출량은 262억 톤이었는데 2022년에는 366억 톤으로 폭증하였다. 대략 55%가 증가한 것이다. 지구온난화가 빠르게 진행되고 있음을 말해주고 있다.

유엔은 65세 이상을 고령이라고 정의하고 있다. 65세 이상의 고령인이 전체 인구의 7% 이상인 경우 고령화사회(aging society), 14% 이상일 경우 고령사회(aged society), 20% 이상인 경우 초고령사회(super-aged society)라고 정의하고 있다.

우리나라의 경우 수명 연장과 초저출산의 양상이 진행되고 있다. 세계 최저의 출산율을 보이고 있다. OECD에서는 출산율이 2.1명 이하인 경우 저 출산, 1.3명 이하인 경우 초저출산이라고 정의하고 있다. 한국의 출산율의 추이를 보면 2015년 1.24명, 2018년 0.98명, 2021년 0.81명이었으며 2022년에는 0.78명으로 줄어들었고 0.6명대를 눈앞에 두고 있다. 초저출산 국가이다. 통계청 장래인구 추계는 한국은 2070년에는 총 인구가 3,700만 명으로 줄어든다고 말하고 있다. 심각한 감소 추세이다. 2023년 5월 31일 기준 한국의 총 가구 수는 2,380만 가구였다. 1인 및 2인 가구 수는 1,560만 가구로 전체 가구 수의 66%를 차지하고 있다. 이런 흐름은 대가족 중심 사회에서 소가족 중심 사회로 급격하게 변하고 있음을 말해주고 있다. 정치, 경제, 사회, 문화 등에 엄청난 영향을 미칠 것이다.

유엔인구기금(UN Population Fund)의 《2023 세계 인구 보고서》에 의하면 "한국인이 아이를 안 낳는 것은 출산을 원하지 않아서가 아니라 출산을 선택할 권리가 없어서"라고 강조하였다. 한국은 출산권보다 출산율에 집중해 지난 15년간 약 200조 원 이상 풀었음에도 저출산 문제를 해결하지 못했다고 말하고 있다. 여기서 출산권이란 낳고 싶은 만큼 낳을 권리 또는 출산계획을 설계하고 실현할 권리라고 정의하고 있다. 어려운 표현이지만 자금 지원보다는 아이를 낳고 싶은 사회를 만들어 가라는 얘기이다. 출산율 대신 삶의 질 또는 아이를 낳고 싶은 사회적 환경을 조성하라고 강조하고 있다. 한국의 저출산고령사회위원회는 2021년부터 시행 중인 4차 기본계획을 설계하면서 출산에 대한 사회 환경에 초점을 두고 정책을 전면 개편하였다. 바람직한 방향 전환이라 할 수 있다.

미국의 수필가 제럴드 얼리(Gerald Early)의 딸과의 대화가 생각난다. 딸이 "부모 역할을 하는 것이 좋으세요? 아빠로서의 역할 말 이예요?"라고 물으니 아빠는 "그럼 좋지. 그것은 파트너와 춤을 추는 것과 같아 잘 해내기 위해 많은 노력을 하지. 그러나 일단 잘 해내면 정말로 아름다운 장면이 만들어지거든"이라고 했다.

우리 노인 세대가 자식에 대한 사랑과 희생을 허무주의 관점에서 바라보면 안 된다고 생각한다. 자식들도 그러한 사랑과 희생에 대한 긍정적 이해의 폭을 확대해야 한다고 생각한다. 이런 것들이 국가 발전에 기여하는 길이기도 하다. 국가가 재정적 지원을 넘어 가치관의 정립과 실현에 많은 노력을 해야 한다. 우리 모두 유엔의 주장처럼 누구나 아이를 낳고 싶은 가족 또는 국가공동체를 만들어가야 한다. 특히 국가의 관점에서는 물질적 유산보다 중요하다고 생각한다.

우리나라의 경우 고령인구의 비율이 1970년 3.1%, 1980년 3.8%, 1990년 5.1%, 2000년 7.2%였다. 2000년에 고령화 사회로 진입하였고 2018년에 14%를 넘어 고령사회로 진입하였다. 18년 만에 고령화사회에서 고령사회로 진입하였다. 우리나라는 2025년에 초고령사회로 진입할 것으로 예측되고 있다. 더 빨라진다는 보고서도 나오고 있다.

우리나라의 경우 고령화사회에서 고령사회를 지나 초 고령사회로의 진입에 26년이 걸리는 셈이다. 프랑스의 경우 153년, 영국은 99년, 미국은 90년, 일본은 35년인데 한국은 26년이다. 우리나라가 영국이나 미국보다 빨리 초고령사회로 진입한다는 예측이다. 우리나라의 고령화가 얼마나 빠르게 진행되고 있는지에 대한 자료이기도 하다.

초고령사회로 진입하면서 노인 세대의 정치적 영향력이 커지고 있다. 노인 세대가 지배하는 제론토크라시(gerontocracy)의 함정에 빠질 수 있다. 역사적으로 노인 세대가 지배하는 사회는 쇠퇴하였다고 한다. 로마의 중의원과 러시아 공산당의 지도층이 좋은 예이기도 하다. 일본의 지도층도 나이가 많은 편이다. 여러 가지 이유가 있지만, 변화에 적응하는 노력이나 인식이 부족했기 때문이라고 생각한다. 많은 노인 세대가 보고 싶은 것만 보고, 듣고 싶은 것만 들으며, 말하고 싶은 것만 말하려는 확증 편향(confirmation bias)에 갇혀 '꼰대적 사고'에서 벗어나지 못하기 때문이다. 이 시대의 키워드 중의 하나는 소통과 협력이다. 열린 마음으로 소통하고 국가공동체를 위해 협력의 문화를 만들어 가야 한다.

미국의 리처드(Sam Richard) 교수는 한국의 공동체 의식을 높이 평가하며 "인류가 직면하고 있는 여러 가지 문제를 해결하는 데 한국이 주도적 역할을 할 수 있다"고 말하고 있다. 이러한 문화를 계승 · 발전시켜가야 한다. 가족 간의 사랑이 중요하다는 국민적 가치관을 키워가야 한다. 미국의 미래학자이며 GM 등에게 전략에 관한 컨설팅을 한 갈랜드(Eric Garland)는 《미래를 읽는 기술(Future Inc.)》에서 나이 든 세대들을 위한 가정용품, 교통수단, 오락, 섹스, 주거 등을 나이 든 세대에게 적합하게 만들어가도록 장려해야 한다고 주장하고 있다.

일반적으로 초고령사회는 노동 인력의 감소, 생산성 저하, 정부 재정의 감소, 사회 역동성의 감소, 부양 세대의 증가, 세대 간의 갈등, 노인 세대가 지배하는 제론토크라시의 가능성, 이민정책, 다문화 문제를 포함하며 정치, 경제, 사회, 문화 등의 분야에서 많은 이슈를 발생시키고 있다.

이러한 고령화 이슈들에 대해 색다른 시각으로 접근하고 있는 사람이 있다. 바로 미국의 셔먼(Bradley Schurman)이다. OECD 및 다보스 포럼에 고령화와 장수 문제의 자문을 하기도 한 인구 문제 전문가이다. 인구통계학적 변화와 고령화에 초점을 맞춘 글로벌 전략 연구 전문가이다. 그는 출생률 감소와 급속한 수명 증가라는 두 가지의 메가트렌드가 충돌하면서 생기는 인구통계학적 충격은 필연적이며 앞으로 닥쳐올 변화를 제대로 대비하지 못한다면 경제가 침체되고 고위험 노령인구의 고립이 확대되며 농촌공동체가 소멸할 위험이 크다고 강조하고 있다. 그러나 셔먼은 《슈퍼 에이지 이펙트(Super Age Effect)》에서 다음과 같이 말하고 있다.

"65세 이상의 인구가 전체 인구의 20% 이상인 경우 초고령사회라 한다. 전 세계 GDP의 80%가 빠른 속도로 고령화가 진행되고 있다. 한국도 그중 하나다. 한국은 2025년에 초고령사회에 도달할 것이다. 한국의 택시 운전사의 35% 정도가 65세 이상이고 그중에는 93세의 노인도 있다. 2023년에는 지구상의 195개 국가 중에서 35개 국가에서 초고령사회에 도달할 것이다. 인류 역사상 처음으로 65세 이상의 인구수가 18세 미만의 인구수보다 많은 사회가 도래될 것이다. 저출산과 고령화의 두 흐름의 충돌로 인해 많은 문제점을 가져온다. 어느 사회나 젊은이는 예찬 받고 노인은 무시당하는 노인 차별(ageism) 또는 노인 폄하가 성행한다. 세대 갈등이 확대될 것이다. 문을 닫는 학교나 병원은 많아진다. 다운타운 중심가는 활력을 잃을 것이다. 한국과 일본 등 일부 국가는 고령화로 인해 경제가 위축되는 현상을 되돌리기에 이미 때가 늦은 감이 있다. 이유는 이민정책 때문이다.

동아시아 국가들은 저출산과 고령화를 겪는 와중에도 북미나 유럽의 국가들처럼 적극적인 이민정책을 실시한 적이 없다. 노동력 감소와 소비 인구의 감소는 불가피하다. 슈퍼 에이지에 의미 있는 방식으로 대응하지 못한다면 우리의 가족, 기업, 국가, 경제 시스템에 엄청난 피해가 닥칠 수 있다."

책의 전반부가 문제점을 제시하고 있다면 후반부는 다음과 같은 대안들을 제시하고 있다. 발상의 전환이 훌륭하다는 생각이 든다.

"무엇보다도 인식의 틀을 바꾸어야 한다. 노년층을 사회 및 경제 구조의 모든 부분에 핵심적인 일원으로 참여시키는 풍토를 구축해야 한다. 다양성, 평등성, 포용성에 기반을 둔 고령자 포용 정책이 중요하다. 역사상 그 어느 때보다 다양한 세대가 존재할 미래에는 세대 간 화합이 중요하다. 공정, 평등, 화합의 사회를 만들어가야 한다.

결국 엘더노믹스(Eldernomics, 노인경제학을 의미하는 신조어)를 통해 위기를 기회로 바꿀 수 있다. 즉 취업, 소비, 창업 등 노년층이 주체가 되는 경제 활동을 활성화시키는 것이 중요하다. 미들플러스(65~74세) 인구 층이 중요한 소비 세력으로 부상한다. 참고로 미국에서는 신차 구입 고객 중 3분의 2가 50세 이상이며 애플워치 사용자 평균 연령은 42세에서 매년 증가하는 추세이다. 이젠 기업들이 지난 100년간 목표 고객으로 삼았던 젊은이들이라는 인구통계학적 접근에서 벗어나 미들플러스를 포함한 다양한 세대를 겨냥한 제품과 서비스를 개발할 수밖에 없는 사회로 가고 있다. 노인 세대들이 소비 문화를 이끌게 된다. 그래서 초고령사회에 능동적으로 대처한다면 커다란 기회가 될 것이다."

일본의 인구는 1억 2,300만 명 정도 된다고 한다. 그러나 인구 8,000만 명을 상정하고 시나리오를 만들어가고 있다고 한다. 신선한 전략이다. 일본의 미쓰비시중공업(MHI) 자회사인 MHI 이그제규티브 엑스퍼트는 조직 구성원이 전원 65세 이상이다. MHI가 진행 중인 각종 프로젝트에 파견되어 젊은 직원들에게 노하우를 전수하는 업무를 맡고 있다.

독일의 많은 회사가 고령자 친화적 전략을 강화하고 있다. BMW는 독일 딩골핑 공장의 근로자 평균 나이가 37세에서 2017년 47세로 증가할 것으로 예상하고 작업 환경을 변경하는 대책을 세웠다고 한다. 바닥재, 근로화, 키 높이 작업대, 의자, 확대렌즈 등을 설치하였다고 한다. BMW가 이런 변화를 택한 것은 고령자 친화적 일터가 결국 기업 수익성에 도움이 된다는 확신 때문이다.

상생에 입각한 사회 구성원의 화합이 매우 중요하다. 균형감, 정의, 공정, 민주, 자유 등의 가치를 중심으로 하나가 되어야 한다. 한국의 높은 시민의식과 공동체 의식은 국가 번영을 위한 크나큰 자산이 될 수 있다.

영국 축구에서 손흥민 선수가 주목받고 칭찬받는 이유가 축구를 잘해서만이 아니다. 팀 전체를 아우르는 리더십, 헌신, 희생, 상생의 마음이 있기 때문이라고 생각한다. 두루두루 여러 사람에게 이롭게 하자는 고조선의 건국 이념인 홍익인간의 DNA가 한국인에게는 있다.

유명한 역사학자 토인비도 한국인들의 홍익인간 정신을 높이 평가하며 "세계에서 한국이 세계적인 문제점을 해결하기 위해 주도적인 역할을 할 수 있다"고 강조하였다. 개인과 사회 또는 국가 간에 균형을 유지하려는 한국인의 장점을 더욱 장려해야 한다.

국가지도자들은 이 무형의 자산을 키워가야 한다. 소집단 또는 개인의 정치적 목적을 위해 국민을 분열시키고 갈등을 조장 또는 확대하는 행태는 자제해야 한다.

국민 간에 서로 혐오하는 사회나 국가를 만들어서는 안 된다고 생각된다. 다름이 틀림이 아니라는 사실을 인식하는 지도자가 되어야 한다. 관용이나 포용은 국가의 지속적 발전의 원동력 중 하나라는 것을 역사가 말해주고 있다.

역사적으로 융성했던 국가들의 특징 중의 하나는 관용과 포용 그리고 열린 마음이라고 했다. 관용 또는 포용 그리고 다문화에 대한 열린 마음의 문화를 키워가야 한다. 인구 문제에 대한 전략적 패러다임의 전환이 중요하다. 지식보다 인식의 틀이 중요하기 때문이다.

사회로

• • •

하드 파워, 소프트 파워, 스마트 파워

소프트 파워(soft power)에 대해 알아보기 전에 하드 파워(hard power)와 스마트 파워(smart power)의 개념도 정리가 필요하다고 생각된다.

하드 파워(경성 권력)는 인구 규모, 영토의 넓이, 자원, 경제력, 군사력 등을 앞세워 상대방의 생각과 행동을 강제적으로 바꾸거나 저지하는 힘을 말한다. 과거 냉전 시대에 미국과 소련은 하드 파워를 기반으로 세계를 양분하여 지배했다. 일본이 한국을 식민지로 통치한 것이나 첨단소재 수출 규제를 통해 한국을 굴복시키려 한 행위 또는 중국이 사드 배치에 대한 보복으로 내린 한한령이 좋은 예이다.

소프트 파워(연성 권력)는 물리적인 힘을 지칭하는 하드 파워에 반대되는 개념이다. 눈에 직접 보이는 물리적이고 강제적인 힘이 아니라 자발적인 생각과 행동을 끌어내는 힘을 말한다. 인간의 이성 및 감성에 기반을 둔 것들이 국력에 미치는 영향이 크다는 이론을 바탕으로 하고 있다. 미국과 대립하고 있는 나라에서 할리우드 영화를 좋아하고 한일 갈등이 심화되었던 상황에서도 일본의 젊은이들이 한류에 열광하는 현상들이 대표적인 예라 하겠다. 남북의 갈등이 심해지는 상황에서도 북한 젊은이들의 한류 관심은 늘어나고 있다.

스마트 파워는 하드 파워나 소프트 파워 어느 한쪽에만 비중을 두지 않고 두 가지를 효과적으로 결합시켜 활용하는 총체적 능력을 말한다. 이 용어는 미국 워싱턴의 국제문제 관련 싱크탱크인 국제전략문제연구소에서 특히 강조한 개념이다. 소프트 파워를 무시하는 미국의 외교정책 등을 수정하고 소프트 파워 중심의 외교정책에도 제동을 거는 정책으로 부상되었다.

• • •
소프트 파워

자발적인 힘, 질서의 가치, 타인을 향한 존중, 상생의 마음, 문화적 풍요, 안정된 사회, 아름다운 자연, 교육 환경, 민주주의와 자유 등이 소프트 파워를 만드는 주요 항목들이다. 마음이나 감성과 관련된 항목들이 많다. 칭기즈칸은 소프트 파워에 많은 전략적 배려를 했다고 한다. 그가 말한 소프트 파워의 핵심 내용은 포용, 경청과 배려, 비전 제시, 나와 다른 시각의 인정, 기회 제공, 모델링, 존중, 겸손, 배려, 감성 등이었다고 한다.

지금의 중국은 독재 체제를 강화하고 있다. 많은 나라 또는 세계인들로부터 지탄의 대상이 되고 있다. 어글리 차이나(Ugly China)의 이미지가 강해지고 있다. 독재 체제의 강화는 소프트 파워의 증진에 치명적일 것이고 당연히 소프트 파워는 급속도로 약해지고 있다. 경제에 미치는 부정적인 영향은 점진적으로 그리고 크게 나타날 것으로 생각된다.

소프트 파워가 중요시되는 사회에서의 리더나 경영자는 머리와 가슴, 외향성과 내향성, 남성성과 여성성, 강함과 부드러움을 균형감 있게 또는 조화롭게 갖추어야 성공할 수 있는 사회이다. 조화를 이루기 위해서는 깊은 성찰이 필요하다. 삶은 경험만 하지 않고 삶이나 경험을 통해 배우고 성장하려는 자세가 필요하다. 시간이 간다고 또는 나이가 들어간다고 성숙해지거나 지혜로워지는 것이 아니고 깊은 성찰과 그 성찰을 기반으로 하는 사고나 행동 또는 꿈과 열정을 가지고 도전하는 길이 사람을 성숙하게 만든다고 생각한다.

김종립은 저서 《소프트 파워》에서 "21세기 경영자는 한정된 자기 분야를 초월해 관련 영역 전체를 조망할 수 있는 지적 시야를 가지고 인간의 아픔, 정서, 욕구를 파악할 줄 아는 능력 즉 소프트 파워를 갖춰야 한다"고 강조하고 있다. 이를 위해 경영 철학, 인본 경영, 감성 경영, 유머 경영, 나눔 경영 등을 추구해야 한다고 말하고 있다. 일과 사람과의 관계의 초점도 중요하지만, 사람과 사람과의 관계와 초점의 중요성을 강조하는 것이라 할 수 있다.

많은 국가와 기업이 브랜드 가치 증대와 가치사슬 강화를 위해 소프트 파워 향상에 투자를 늘리고 있다. 우리나라도 소프트 파워 증대에 전략적 우선순위를 두고 있다. 하버드대학교 나이 (Joseph Nye) 교수는 "소프트 파워 면에서 중국은 한국을 절대로 따라올 수 없다"고 강조하였다. 〈뉴욕타임스〉는 "미 · 중 갈등 속에서 중국 대도시를 대체할 도시는 서울"이라고 하였다.

역사학자 토인비는 한국의 홍익사상에 대한 얘기를 듣고 "21세기는 한국이 지배한다"고 강조했다고 한다. 홍익사상은 인간뿐만 아니라 동물을 포함하여 살아있는 존재 모두에게 이롭게 하자는 사상이다. 돈의 가치가 노동의 가치보다 우선시 되는 자본주의 사회에 대한 우려와 홍익사상의 높은 가치를 동시에 강조하는 말이라고 생각된다.

K-팝을 비롯한 한류가 한국의 위상과 소프트 파워 증진에 중요한 역할을 하고 있다. 한국 경제에 엄청난 긍정적인 영향을 주고 있다. 지속적인 한류 발전 전략을 만들고 실행 해가야 한다. 정부는 "지원하되 간섭은 하지 말라"는 김대중 대통령의 말을 새겨들어야 한다. 한류의 지속적인 확산에는 창의력이 중요하기 때문이다.

여기에서는 그중에서도 지난 20여 년간 한국의 소프트 파워 또는 매력도를 획기적으로 높이고 있는 한류에 대해 조금 더 알아보기로 하겠다.

한국의 매력과 한류의 기원

소프트 파워를 상징하거나 구성하는 내용은 다양하다. 자발적인 힘, 매력, 질서의 가치, 타인을 향한 존중, 상생의 마음, 문화적 풍요, 안정된 사회, 신뢰의 사회, 안전한 사회, 아름다운 자연, 교육환경, 민주주의, 자유, 여성성, 감성, 곡선 등이 있다. 특히 "남에게 보여주는 국가의 종합적인 매력이 그 국가의 소프트 파워"라고 말하는 학자도 있다.

한국의 매력은 무엇일까? 금수강산, 친절, 남에 대한 배려, 공동체 의식, 민주주의에 대한 신념, 높은 교육열, 오랜 역사와 전통, 홍익인간에 기반을 둔 사고방식, 한국문화의 우수성을 포함하여 편리하고 값싼 대중교통 시스템, 서민들에게도 혜택이 많은 의료보험 시스템, 건전한 밤 문화, 안전한 환경 등 여러 가지가 있다. 그러나 지금 전 세계적으로 가장 두드러지게 나타나고 있는 현상이 문화의 한 부분인 한류이다. 한국의 소프트 파워 향상에 지대한 영향을 미치고 있고 전 세계적으로 폭발적인 유행이 진행되고 있는 한류의 현황과 미래는 매우 고무적이다.

한류는 한국에서 생산된 문화 콘텐츠 전반이 해외에서 인기를 끄는 현상이라고 말할 수 있다. 소프트 파워의 개념을 처음으로 제기한 나이(Joseph Nye) 교수는 인터뷰에서 "한국의 소프트 파워는 커지고 있고 나도 BTS를 비롯한 케이팝을 많이 듣고 있다"고 말하였다.

포르투갈 TVI 방송인 겸 편집인이며 CNN 포르투갈 저널리스트 파올로 바스토스는 2년 동안 한국 드라마 1,200여 개의 주제를 다룬 70여 개의 작품을 보았다고 말하고 있다. 그는 한국 드라마는 10대부터 40대까지 모두가 좋아할 다양한 소재들이 융합되어 있으며, 한번 빠져들면 한국의 모든 것이 따라온다고 강조한다. 대단한 위력이고 최고의 수출품이다.

한류는 1999년 가을 한국의 문화관광부에서 한국의 대중음악을 해외에 홍보하기 위해 제작 배포한 음반의 제목에 "韓流-Song from Korea"로 공식적으로 사용되었다. 이때 즈음하여 '한류'라는 단어가 한국 대중문화를 거론하는 고유명사로 사용되기 시작하였다. 베이징대학교 문화산업연구원의 향용(向勇)은 "중국에서는 중국 문화의 유행을 한풍(漢風), 한국 대중문화의 유행을 한류(韓流), 일본 대중문화의 유행을 일조(日潮)라고 주로 말하고 있다"고 하였다. 대만에서는 대만 문화의 유행을 '대조(臺潮)'라고 표현한다고 했다.

한류의 전략적 출발

1999년 11월 김대중 대통령은 세계은행 심포지엄에서 "21세기에는 지식, 정보, 문화적 창조 능력 등 무형 자원이 국가경쟁력의 핵심이 될 것이다"라고 강조하였다(앨빈토플러, 〈위기를 넘어: 21세기 한국의 비전〉, 13쪽). 지식정보화사회에서 문화적 창조 능력을 중요시한 김대중 정부는 2000년에 문화관광부 산하에 문화산업지원센터를 설립하였다. 그리고 2001년 8월 한국문화콘텐츠진흥원을 창설하였다.

문화 콘텐츠 산업을 차세대 성장산업으로 육성함으로써 한국이 세계적인 문화 강국으로 도약할 수 있는 기틀을 만들고자 하였다. 그전에도 서태지와 아이들 등 유능한 한류스타들이 있었지만 새로 만들어진 국가조직들은 문화 콘텐츠를 국가적 차원에서 종합적·체계적·전략적·미래지향적으로 다루는 기반이 되었다. 지금 생각해보면 훌륭한 결정이었다는 생각이 든다.

미국의 양대 외교 전문지 중의 하나인〈포린 폴리시(Foreign Policy)〉는 2020년 10월 20일 자 기사에서 "China Backs Off From Fight With K_Pop Fans" 제하의 기사를 실었다. 중국이 중국의 K-팝 팬들에 대한 압박을 줄인다는 내용이 포함되어 있다. 주요 기사의 내용은 다음과 같다.

"Former South Korean President and Nobel Peace Price winner Kim Dae-jung was the architect of the country's soft power strategy. Kim won office at the right time in 1997, as South Korea was beginning to see an explosion of pop culture. Kim Dae-jung formulated a stance toward pop culture development that continues to this day. Kim had a great deal of confidence in Korean culture's ability to stand out on the world stage. Korea were able to accept international culture and create their own unique version. This 'support but do not intervene' mantra …."

요약 정리하자면 "오늘날 한국의 소프트 파워의 전략은 김대중 정부에서 만들었고 그 전략적 기조가 오늘날까지 유지되고 있다. 한국은 세계의 문화를 받아들여 그들만의 독특한 문화를 만들었다. 아울러 한국 문화는 세계 시장에서 경쟁을 이겨내는 힘이 있다고 믿고 있었다. 그리고 '지원은 하되 간섭하지 말라' 는 원칙을 지켰다"고 말하고 있다.

2009년 5월 이명박 정부는 한국문화콘텐츠진흥원을 한국게임산업진흥원 및 한국방송영상산업진흥원과 통합하여 한국콘텐츠진흥원으로 확대 · 개편하였다. 훌륭한 결정이었다고 생각된다. 한국콘텐츠진흥원의 주요 목적은 콘텐츠 산업의 수출, 전문 인력 양성, 기술 개발의 활성화 등을 전략적으로 추진하는 것이다.

● ● ●
문화의 중요성

백범 김구 선생은 "우리의 부력(富力)은 우리의 생활을 풍족하게 할 만하고 우리의 강력(强力)은 남의 침략을 막을 만하면 족하다. 오직 한없이 갖고 싶은 것은 높은 문화적 힘이다"라고 강조하였다. 그 어른의 깊은 통찰력에 놀라지 않을 수 없다. 문화란 국민의 자기 정체성 확립 수단이요, 삶의 질 향상의 요소이며, 국부 증진의 수단이기도 한 전략적 의미가 있다고 생각한다. 문화력은 여러 가지 국력과 높은 상관 관계에 있다고 말해지고 있다.

요한 갈퉁(Johan Galtung)은 《제국주의의 구조(The Structure of Imperialism)》에서 로마를 비롯한 제국주의가 성공한 3가지 요인을 제시하였다.

첫째가 경제력, 둘째가 군사력, 셋째가 문화력이라고 했다. 로마의 전성기에는 개방과 관용의 정신을 바탕으로 한 다양성을 중시하는 문화의 힘이 있었다고 강조하고 있다. 경제력은 부족하였지만, 개방과 관용의 정신은 몽골제국에도 있었다. 고대 중국을 통일한 진나라가 오래가지 못했던 요인 중의 하나는 문화의 힘이 없었다고 말해진다. 분서갱유 등을 통하여 문화를 말살하는 정책을 폈다.

한국의 경제력은 10위권에 있으며, 군사력은 현재 5위로 상승하였고, 문화적 힘은 한류 등의 영향으로 급속도로 확대되고 있다. 바람직한 흐름이고 국가지도자들은 이 흐름을 전략적으로 확대시켜야 한다.

모두가 똑같은 생각을 하도록 강요받고 너와 나의 다름을 틀림으로 몰아가는 사회는 독재사회이고, 다양성이 생명인 문화

강국이 될 수 없다. 너와 나의 다름을 이분법적인 사고의 관점에서 적 아니면 동지로 여기는 사고로는 풍성한 문화강국을 만들 수 없다. 중국이나 러시아 그리고 북한에서 볼 수 있는 현상들이다. 통찰력과 종합적 판단 능력이 부족하고 민주주의의 가치를 존중하지 않는 사람들이 국가지도자가 되어서는 안 되는 이유이기도 하다.

세계적인 석학 헌팅턴(Samuel Huntington)은 2000년대 초에 발표한 《문화가 중요하다(Culture Matters)》에서 한국의 발전은 문화가 결정적인 요인이라면서 한국인의 검약, 투자, 근면, 교육, 조직, 기강, 극기 정신 등이 하나의 가치로 융합되어 시너지 효과로 발휘되었다고 강조하였다.

그는 또 "미래의 전쟁은 6~8개의 문화권으로 구분된 세계에서 벌어지는 문화 전쟁일 것이다. 미래의 전쟁은 아이디어와 가치관을 내용으로 한 콘텐츠 전쟁일 것이다. 적이나 경쟁자에게도 콘텐츠를 팔아야 한다"고 강조하였다. 적 아니면 동지의 이분법적 사고의 함정에 갇혀 있는 국가지도자들과 국민이 진지하게 음미해야 할 얘기라는 생각이 든다. 그런데 한류는 세계를 통합하는 상생의 흐름으로 가고 있다. 앞으로 크게 성장할 산업이고 한국 경제 발전에 지대한 영향을 줄 것이라 여겨진다.

한류의 확산

한류 초기에는 한류의 성장 전망에 대하여 부정적인 견해도 많았다. 한류는 한국 언론의 거짓 조작이며 머지않아 한류의 인기는 완전히 사그라질 것이라는 기사도 있었다. 그러나 펜실베이니아주립대학교 리처드(Sam Richard) 교수는 한류는 더욱 확산될 것이라고 단언하였다. 실제로 한류(Korean Wave 또는 Hallyu)는 급속도로 확산되고 있다.

한국국제교류재단이 전 세계 152개의 재외공관의 협조를 받아 조사한 바에 의하면 공식적으로 등록된 한류 팬 수는 2013년 900만 명, 2015년 3,600만 명, 2018년 8,600만 명, 2021년 1억 5,700만 명, 2023년 2억 2,500만 명에 이르고 있다. 10여 년 사이에 25배나 증가하였다. 놀라운 성장 추세이다. 이는 각국 한류 관련 공동체 회원, 오프라인 동호회 회원, 누리 소통망 가입 회원, K-팝앨범 누리집 가입자 등을 바탕으로 산출한 숫자이다. 등록되지 않은 한류 팬들을 합치면 이 숫자보다 몇 배는 많으리라 생각한다.

K-팝의 열풍

한류는 사람들의 가치관과 생활 속에 녹아들어 무의식의 세계까지를 지배하기 때문에 오랫동안 우리에게 특히 우리 경제에 엄청난 긍정적 효과를 가져다줄 수 있다.

미국의 한 잡지는 BTS가 2023년까지 한국에 56조 원의 경제적 기여를 할 것이라고 보도하였다. BTS가 활동하지 않고 있는 것이 매우 안타깝다. 전원 군대를 면제해주어야 한다. 스포츠에서의 군대 면제와 형평성이 맞지 않고 정부가 변화에 대처하지 못하고 있다는 생각이 든다. 한국의 최고지도자들이 소프트 파워나 한류가 국가적으로 전략적 차원에서 매우 중요하다는 것을 인지하지 못하고 있다는 생각이 들어 아쉬운 마음이다. 그들은 한국의 수십 명의 해외 공관장들이 하지 못하는 일을 하고 있다.

봉준호 감독의 〈기생충〉은 2022년 아카데미에서 작품상, 감독상, 각본상, 국제영화상 등 4관왕의 영예를 안았다. 획기적인 사건이었다.

할리우드 영화 〈아바타 2-물의 길〉이 세계 최초 한국에서 상연되었다. 사건이 아닐 수 없다. 이유를 묻는 기자들의 질문에 제임스 캐머런 감독은 "한국이 세계 영화업계의 표준을 만들어가는 중요한 시장이기 때문"이라고 강조하였다.

한국 영화시장은 미국, 일본, 중국 등에 비해 훨씬 작은 시장임을 고려할 때 파격적인 행보이며 전략이었다. 할리우드 유명 배우 브래드 피트가 제작한 〈미나리〉에 출연한 윤여정은 아카데미 여우조연상을 받기도 하였다. 세계 영화시장에서 한국 영화에 관심이 커지고 있다.

드라마 〈오징어 게임〉은 2022년 미국 에미상 13개 부분 중에서 감독상(황동혁), 남우주연상(이정재) 등 6관왕의 영예를 안았다. 비영어권 드라마로서는 최초이다. 프라임타임 에미상(Primetime Emmy Awards)은 황금시간대에 방송되는 작품들에 대한 시상이어서 더욱 의미가 크다 할 수 있다.

〈오징어 게임〉은 넷플릭스가 정식으로 서비스 중인 모든 국가(197개국)에서 시청률 1위를 기록하였다. 그리고 단 17일 만에 1억 7,000만 가구가 시청하여 넷플릭스 최다 시청 기록을 갈아치웠다고 한다.

2024년 1월 16일에 있었던 제75회 에미상 시상식에서 이성진 감독의 〈성난 사람들〉이 감독상, 작품상을 비롯하여 8관왕의 영예를 안았다. 이러한 일련의 사건은 우연이 아니다. 한류의 경쟁력과 올바른 방향성을 말해주고 있다.

독일의 언론은 "한국이 가장 자본주의적으로 운용되는 한류를 통해 자본주의의 문제점을 비판하면서 성공하고 있다"고 말하고 있다. 한국은 1세기 동안 식민 지배, 해방, 전쟁, 독재 체제, 자본주의, 학생운동, 군사쿠데타, 민중항쟁, 민주화, 산업화, 산림녹화, 지식정보화를 경험하고 꿈의 사회, 메타버스 사회로의 선두를 달리는 유일한 국가이기도 하다. 그래서 한국은 깨어 있는 예술인이 다양한 시대정신을 담아낼 수 있는 바탕을 지니고 있다. 독일 언론 〈디 차이트(Die Zeit)〉는 "한류의 성공 요인 중의 하나는 다양성에 있다"고 강조하였다. 〈기생충〉과 〈오징어 게임〉이 자본주의 문제점을 제기하는 대표적 작품들이다. 이것은 전 세계적인 이슈이기도 하므로 많은 세계인으로부터 사랑받고 있고 공감대를 넓혀가고 있다.

K-팝이 이끄는 신한류는 한국에서 인기가 형성된 후 세계로 퍼지는 것이 아니라 전 세계에서 동시다발적으로 소비되는 양상으로 발전하고 있다. 유튜브를 비롯한 소셜미디어가 한류를 전파하는 핵심 수단으로 작용하고 있기 때문이다.

K-팝 관련 데이터를 분석하는 케이팝 레이더에서 발표한 〈2019 K-Pop 세계지도〉에 의하면 2019년 한 해 동안 전 세계에서 발생한 영상 조회 수는 총 266억 뷰였다. 그중 89%가 해외에

서 발생하였다. 2022년에는 643억 뷰로 폭발적인 증가세를 보였다. 2010년의 8억 조회 수와는 비교할 수 없을 정도이다. 2016년에 개설한 블랙핑크의 유튜브 채널 조회 수는 2024년 4월 현재 누계 350억 회를 넘었다. 미국의 최고 인기가수 저스틴 비버를 누르고 세계 1위가 되어 기네스북에 올랐다. 놀랄 만한 현상이고 흐름이다.

미국 캘리포니아주에서 열리는 코첼라 페스티벌(Coachella Valley Music and Arts Festival)이란 행사가 있다. 세계 최대 규모의 음악공연 행사이다. 이 행사의 헤드라이너(headliner)에는 당대 세계 최고 가수가 출연하는 관례가 있다. 헤드라이너는 대형음악 공연에서 대표적으로 내세우는 메인 이벤트를 말한다. 출연료만 해도 1,000만 달러에 이르는, 모든 가수의 꿈의 무대이다. 그런데 2023년 4월에 열리는 코첼라 페스티벌(Coachella Festival)에서 헤드라이너에는 한국의 블랙핑크(2024년 4월 말 현재 유튜브 구독자 9,360만 명)가 선정되었다. 아시아인 최초의 출연이기도 하다.

블랙핑크는 4월 15일 13만 명에 육박하는 관객과 2억 5,000만 명에 달하는 시청자를 상대로 공연하여 미국 언론의 극찬을 받았다. 한국의 전통 기와집 영상에 한복을 입고 부채춤과 어울려 한국말로 인사하고 한국어로 노래를 불러 열광적인 호응을 얻기도 하였다.

● ● ●

K-팝, K-드라마 다음은 한글

지금의 한류는 K-팝, 드라마, 영화, 음식, 패션, 만화, 문화, 역사, 한글 등으로 동시다발적으로 퍼지고 있다. 미국의 CNN방송은 "K-Pop, 드라마 다음의 한류는 한글"이라는 기사를 내보냈다. 한글이 초기에는 학술적 관심이나 문화 교류 차원에서 다뤄지고 일부의 전문적인 영역에서 논의되었다. 지금은 음악, 드라마, 영화 등을 이해하는 수단으로 그리고 나아가서는 예술적 활용이나 경제적 목적을 위한 수단으로 확대되고 있다. 한글을 배우고 싶어하는 흐름이 일반 대중 특히 젊은이들의 영역으로까지 확대되고 있다.

5억 명 이상의 사용자를 가지고 있는 듀오링고에서는 한국어가 듀오링고 2022년 최다 학습 언어(The Most Popular Languages Studied on Duolingo in 2022) 7위를 차지하였다고 발표하였다. 일본어와의 차이는 매우 근소하였고 중국어, 러시아어, 이태리어, 힌두어보다는 많았다. 한류의 흐름과 한류 팬 수의 증가 추세를 고려할 때 일본어를 추월하는 것은 시간문제라고 생각한다. 인구, 경제력 등을 고려할 때 파격적인 현상이라는 생각이 든다.

인도네시아 가자마다대학교의 한국어학과 수라이 아궁 누구로호 교수는 "인도네시아에서의 한류는 K-wave를 넘어 K-쓰나미 수준으로 커지고 있다"고 강조하고 있다. 인도 네루대학교의 한국어학과 입학 경쟁률은 3,300대 1이 넘었다고 한다. 문화 한류와 산업 한류의 확산으로 한글 배우기 열풍이 급속도로 확산되고 있다. 가장 빠르게 성장하는 언어로 판명되고 있다.

1933년 Korea와 Koreanize(한국화) 2개의 단어가 옥스퍼드 사전에 등재된 이후 2020년까지 87년 동안 24개의 한국어가 등재되었다. 그런데 2021년 9월에 aegyo(애교)를 비롯한 26개의 한국어가 옥스퍼드 사전에 등재되었다. 괄목할 만한 현상이다. 전문가들은 26개의 표제어는 시작에 불과하다고 말하고 있다. 이 단어들이 등재된 것은 그 이전 최소한 15~20년 이상 꾸준히 사용된 결과라고 말하고 있다. 현재 한류의 위상이나 성장세 그리고 영향력을 고려하면 이번 등재된 단어들이 관찰되기 시작하였던 때와는 비교할 수 없을 정도로 한글 사용 빈도가 높아지고 있다고 생각한다.

한글이 이렇게 빠른 속도로 확산되고 있는 이유는 문화 한류와 산업 한류를 반영한 것이기도 하지만, 한글이 매우 배우기 쉬운 글자이기 때문이기도 하다. 한글이 지구상에서 가장 우수한 언어 중 하나라는 것은 국제 언어연구소나 언어학자들의 주장에서 알 수 있다. 언어연구 분야로는 세계 최고인 영국 옥스퍼드 언어학 대학에서 세계의 거의 모든 문자를 상대로 합리성, 과학성, 독창성 등을 기준으로 한 순위에서 한글이 1위를 하였다.

노벨 문학상 작가 펄 벅(Pearl Buck)은 "한글이 24개의 알파벳으로 이루어진 세계에서 가장 단순한 문자 체계이지만 한글 자모만을 조합하면 어떤 언어 음성이라도 표기할 수 있다. 세종대왕은 한국의 레오나르도 다빈치"라고 하였다.

영국 서섹스대의 문자학자 겸 언어학자 제프리 샘슨(Geoffrey Sampson) 교수는 "한글은 의심할 여지 없이 인류의 가장 위대한 지적 성취 중 하나로 꼽혀야 한다"라고 하였다.

네덜란드 라이덴 대학의 프리츠 포스(Frits Vos) 교수도 "한국인은 세계에서 가장 우수한 문자를 발명했다"라고 강조했다.

오스트리아 빈 대학의 도르멜스(R. Dormels) 교수도 "한글은 한국문화 창작품 중 최고의 작품"이라고 극찬하였다.

세계적인 잡지 〈디스커버(Discover)〉1994년 6월호 기사에서 한글은 8,800여 가지의 소리를 표현할 수 있는 반면에 일본어는

300여 가지, 중국어는 400여 가지의 소리를 표현할 수 있다고 했다. 어떤 보고서에는 한글이 표시할 수 있는 소리가 1만 1,172가지라고 했다.

세종대왕의 위대한 발명에 다시 한 번 감사드리는 마음이다. 한글이 인간이 낼 수 있는 모든 발음을 표기할 수는 없지만, 현존하는 문자 중에서 가장 많은 발음을 표기할 수 있는 문자라고 했다. 어감, 정감, 음감도 최고의 언어이며 디지털 시대에 적합한 언어라는데 뿌듯한 마음이다.

_{● ● ●}
한류의 분야별 확산과 지역별 다변화

전통적으로 한류는 K-팝, K-드라마 등에서 K-뷰티, K-푸드, K-무비, 한글, K-드라마 등으로 확산되는 경향이 있었다. 한국국제문화교류진흥원이 발표한 보고서 〈2018년 글로벌 한류 트렌드〉에서는 한류 중 가장 대중적인 인기가 많다고 응답된 것이 K-팝이 아니라 한식(43%)으로 나타나기도 하였다. 앨빈 토플러는 《부의 미래(Revolutionary Wealth)》에서 한국의 김치를 비롯한 발효음식의 미래 가치는 매우 크다면서 한국의 발효과학 능력을 높이 평가하고 있다. 2023년 구글의 '올해의 검색어' 음식 레시피 분야에서 '비빔밥'이 많이 본 검색어 1위에 올랐다. 놀라운 확산이다. 패션 & 뷰티(40%), K-팝(39%), 애니메이션(33%) 등이 뒤를 이었다. 한류는 케이팝, K-드라마 등에서 패션, 화장품, 음식, 게임, 관광, 영화, 예능, 만화, 무술, 역사, 한글 등으로 다양화되고 있다. 한국이 만든 '배틀그라운드'라는 게임은 세계에서 가장 많이 팔린 게임 5위에 오르기도 하였다.

한류는 또 아시아 시장을 넘어 세계 시장으로 확장되고 있는 가운데 미국, 유럽, 중동, 중남미가 점점 더 중요한 시장으로 대두되고 있다. 칠레에서는 대통령이 한류 팬들의 성원으로 당선되는 사례도 있었다. 블랙핑크는 여성 가수 최초로 사우디아라비아에서 공연하였고 폭발적 반응을 얻었다. 사우디의 정치, 경제, 문화, 사회적 관점에서 보면 가히 혁명적인 현상이라고 할 수 있다. BTS는 UN에서 연설하여 젊은이들에게 긍정적인 감동을 주었다.

한류는 대중문화에서 전통문화로도 확장되고 있나. BTS는 〈Idol〉이라는 곡에서 한국의 전통 놀이를 가미하여 선풍적 인기를 얻기도 하였고 우리의 민요 아리랑을 댄스풍으로 편곡하여 미국 젊은이들로부터 환호를 받기도 하였다.

블랙핑크는 미국 방송에서 개량 한복을 입고 〈How You Like That〉을 불러 환영을 받기도 하였다. 우리의 전통 악기의 등장도 확대되고 있다. 한국의 전통 마당놀이에서 볼 수 있는 추임새는 '떼창'으로 승화되고 있는데 상호소통이나 공감의 확대라고 생각된다. 외국의 유명 가수들이 한국공연을 좋아하는 이유 중의 하나는 이 '떼창 문화' 때문이라고 한다. 공급자 중심의 사고에서 벗어나지 못하고 있는 서양 가수들이 팬들과 상호 교감한다는 것이 매우 즐거운 일이라는 것을 깨닫기 시작한 것이다.

● ● ●
해외 정치인들의 한류 사랑

전 세계적으로 한류의 영향력은 확대되고 있다. BTS는 유엔의 초청으로 연설을 하였고 백악관에도 초청되었다. BTS의 BANGTAN-TV 구독자 수는 7,500만 명에 육박하고 있다. 블랙핑크의 구독자 수는 1억 명에 육박하고 있고 세계 최다이다. 프랑스 마크롱 대통령은 블랙핑크를 초청하고 사진도 직접 찍어주는 파격적인 행보를 보이기도 하였다. 파리에서는 마크롱 대통령 부인이 블랙핑크 공연장에 나타났는데 놀라운 일이다.

영국의 찰스 왕은 블랙핑크 멤버 전원에게 대영제국훈장을 주었다. 칠레의 보리치(Gabriel Boric, 1986년생) 대통령은 2022년 3월에 취임하였고 한류 팬들 덕분에 대통령에 당선되었다고 공공연히 말하였다. 트와이스의 정연의 사진을 들고 찍은 사진을 SNS에 올리는 파격적 행보를 보이기도 하였다.

필리핀의 정치인 에스트라다 의원은 '한국 드라마 금지 또는 제한'을 주장했다가 필리핀 한류 팬들의 강한 비판으로 하루 만에 철회하였다.

태국의 총선에서 대승한 젊은 야당 지도자는 한국어로 "감사합니다"란 표현을 하였다. 인도네시아 선거에서도 여야 정치인들이 블랙핑크 공연 티켓을 경품으로 걸기도 했다. 급격하게 확산되고 있는 자국 내 한류 팬들을 의식한 선거 캠페인의 일환이라 생각된다. 이러한 흐름은 확대될 것으로 여겨진다.

미의 기준 변화까지 선도

한류는 미의 기준도 바꾸고 있다. 미의 기준은 사회 환경, 문화 환경, 역사의 흐름에 따라 달라지며 시대에 맞추어 만들어진 아름다움이 시대에 필요한 미라고 한다.

이탈리아 철학자 겸 소설가 움베르토 에코(Umberto Eco)는 《미의 역사》에서 "아름다움이란 절대 완전하고 변경 불가능한 것이 아니라 역사적인 시기와 장소에 따라 다양한 모습을 가질 수 있다"고 강조하였다. 펜실베이니아주립대학교 리처드 교수는 "미란 사회에서 만들어진 사회적 구성(social construction)의 결과"라고 강조하고 있다. 미의 기준은 시대에 따라 사회가 처한 환경에 따라 그리고 문화의 흐름에 따라 달라질 수 있다는 뜻이다.

BTS를 선두로 한류가 바꾸고 있는 남성미의 기준은 강인함에서 따뜻함, 배려심, 섬세함, 소통과 공감력, 자기 관리, 신체 조건 등이다. 소통과 감성적 측면이 중요해지고 있는 지식 정보화 사회의 특성에 부합한 흐름 또는 변화라고 할 수 있다.

미국의 CNN은 2019년 12월 30일 자에 "한류가 미래의 소통 방식에 영향을 줄 것이며 아시아 남성의 이미지가 바뀌고 있다"고 보도하였다. 매킨지 보고서를 인용하며 "아시아가 과거에 서구 문화의 수용자였다면 현재는 동양과 서양의 문화가 서로 주고받고 있다"고 하였다. 한류가 주도하고 있다는 사실에 뿌듯한 마음이다.

2022년 8월 14일 자 CNN에서는 "The Netflix effect: why

Western women are heading to South Korea in search of love(넷플릭스 효과: 서양 여성들이 사랑을 찾아 한국으로 향하는 이유)"라는 재미있는 제목의 기사에서 123명(대부분 미국, 캐나다 및 유럽)의 여성들과의 인터뷰 내용을 보도하였다. 그들은 한국 남성들이 로맨틱하고, 예의 바르며, 겸손하고, 참을성 있으며, 친절하고, 옷도 잘 입으며, 자기 관리를 잘한다고 답하였다. 서양 남자들과 비교하여 갖는 한국 남성에 대한 이미지라는 생각이 든다.

CNN은 한국 방문 관광객들의 성별 차이에 대해 조명하고 있다. 2005년 한국 방문 관광객은 남자가 290만 명으로 여자 230만 명보다 많았으나 2019년에는 남자가 670만 명인 데 비해 여자는 1,000만 명에 육박한다고 강조하고 있다. 14년 동안 남자는 230% 증가에 그친 데 비해 여자의 증가율은 400%에 육박하고 있다. 서양의 여자(특히 미국, 캐나다, 유럽)들이 사랑을 찾아 한국에 온다는 기사의 배경이기도 하다.

영국 엔터테인먼트 매체 누비아 매거진(Nubia Magazine)은 5개월 동안 116개국 108만 명을 조사하여 2022년 세계에서 가상 아름다운 여성을 선정하였다. 1~3위가 K-팝 가수들이었다. 블랙핑크 멤버인 한국인 지수가 50%의 압도적 표를 얻어 1위를 하였다. 20여 년 전에는 상상도 할 수 없었던 획기적인 변화로 여겨진다.

　패션잡지 〈보그(Vogue)〉의 4대 강국은 미국, 영국, 프랑스, 이탈리아로 알려지고 있다. 〈보그 프랑스〉는 특히 백인우월주의가 매우 강하기로 유명하다. 동양인을 단독 모델로 사용한 적이 없다. 블랙핑크 멤버인 한국 출신 지수가 2023년 3월호 〈보그 프랑스〉에 동양인 최초로 표지 모델, 그것도 단독 모델이 되었다.

　〈보그 프랑스〉의 홈페이지가 지수 팬들의 접속 폭주로 다운되는 사태가 발생하기도 하였다. BTS, 블랙핑크, 뉴진스 또는 드라마나 영화 등 한류 주역들이 프랑스와 영국 그리고 이탈리아 패션업체들의 글로벌 엠버서더(global ambassador) 또는 모델이 되고 있다. 놀라운 변화라 하겠다.

· · ·

대중화의 영역으로 진입

　미국 샌디에이고 주립대학교는 최근에 'K-팝 댄스의 이론과 실기'를 정규 교양과목으로 개설하였다. 〈K-팝 댄스〉로 박사학위를 받은 한국인 오주연 교수가 강좌를 맡기로 하였다. 이는 세계 대중문화에서 K-팝이 주류의 위치로 이동하고 있다는 증거라고 했다. 수강자 수가 처음에는 18명이었으나 300명 이상으로 폭발적인 증가세를 보였다고 한다. 매우 짧은 시간에 학생들이 수강하고 싶은 대형 교양과목이 되었다. 미국 대학 대부분에서 K-팝 댄스 동아리를 볼 수 있다고 한다.

중·고등학교에서는 방과 후 수업으로 제공할 정도로 대중화 되고 있다고 한다. K-팝 댄스가 커버댄스, 플래쉬몹 등 팬덤의 영역에서 교육의 영역으로, 그리고 대중화의 영역으로 진입하고 있는 것이다. 유럽의 기자가 BTS의 RM에게 한국의 엔터산업은 아이돌을 만들기 위해 어린 청소년들을 너무 혹사한다고 비판성 질문을 하자 "한국인들은 미래를 위해 열심히 살아왔고 이러한 특성들이 훌륭한 문화상품을 만들고 있다"라고 답변하였다고 한 다. 생각이 깊고 훌륭한 젊은이다.

영국의 〈가디언(The Guardian)〉은 한류의 전 세계적인 확산 현 상을 보도하는 특집기사에서 "K-Everything"이라는 표현을 썼 다. 여러 분야에서 동시다발적으로 퍼지고 있는 한류의 특성을 말해주고 있다 할 수 있나. 'K-'는 2021년 옥스퍼드 사진에 등재 된 한국(Korea)을 뜻하는 머리글자이다.

전략적 제휴와 문화 한류의 경쟁력

한류는 미국의 플랫폼 업체들과 전략적 제휴를 강화하여 상생 확장의 흐름을 타고 있다. 2022년 말 기준 넷플릭스(Netflix) 고객 2억3,000만 명의 70% 이상이 한국 드라마를 시청하였다고 하니 대단한 성과이다. 온라인 스트리밍의 선구자인 넷플릭스의 창업자 헤이스팅스(Reed Hastings)는 한국의 한류와 상생 전략을 실행하여 대성공을 보여주고 있다. 그는 한류 특히 한국 드라마를 높이 평가하고 있다고 한다. 한국 드라마에 대한 투자를 늘리고 있다.

한류의 확산은 융합과 종합의 힘에서 나온다고도 할 수 있다. 한류와 IT의 융합, 서양 문화와 한국 문화의 융합, 노래와 패션의 융합, 노래와 춤의 융합 등을 들 수 있다. K-팝 노래에는 영어와 한국어가 혼재되어 있는 경우가 많다. 세계 진출 목적인데도 한국어의 다양한 표현 방식이 고스란히 녹아 있다. K-팝 가수들은 노래하면서 춤을 추고 관중과 적극적으로 소통한다. 서양의 정서와 한국 정서의 융합으로 나올 수밖에 없다. 가장 성공적인 소통은 공감에서 나온다고 생각한다. 공감은 배려의 마음, 따뜻한 마음, 상생의 마음, 동지적 마음, 통합적 마음, 사랑의 마음,

리더십의 마음에서 나온다.

중독성이 강한 멜로디, 독창적이고 경쾌한 안무, 가사가 전달하는 건전한 메시지, 한국의 트렌디한 스타일, 한국의 경제 및 문화적 발전상, 예절과 가족을 중시하는 한국인의 정서 등이 한류의 매력으로 포함된다. K-팝에서는 서양 음악의 관찰, 모방, 수정의 과정을 통한 한국문화와의 접목 또는 융합을 만들어내는 창의성이 높이 평가받고 있다. 서양 팝을 시대 흐름에 따라 재해석하고 새로운 융합물을 만들어내고 있다.

K-팝에는 멜로디, 춤, 패션, 메시지, 추임세(떼창), 영상 등이 어우러져 아름다움과 흥으로 승화되고 있다. 발라드, 힙합, 재즈, 트로트, 라틴 등이 융합되어 한 편의 스토리 또는 드라마를 만들고 있다. 시대정신을 반영하기도 한다. 팬덤 문화를 구축하고 커뮤니티를 만들어 겸손한 자세로 꾸준히 소통한다. 소외감에 싸여 있거나 너무 높은 사회경제적 벽에 좌절감을 가지고 있는 서양의 젊은이들에게 희망을 심어주고, 연대감이나 소속감을 키워주며, 우정을 나누도록 하여 하나로 통합하려 한다고 할 수 있다. 한반도 건국 이념인 누구에게나 이롭게 하자는 홍익사상이 담겨 있고 상생의 마음이 녹아있다.

홍콩대학교 박한준 교수는 "한류는 미학적으로 신선하고, 경제

적으로 수익성이 좋으며, 문화적으로 설득력이 있고, 기술적으로
정교하며, 이념적으로 통찰력이 있다"고 강조하고 있다. 그래서
동양인과 서양인들 모두를 아우르는 힘이 있다고 생각한다.

한류의 전망 및 전략적 방향

한류 전문가와 한국문화산업교류재단 등은 한류를 4단계로 구
분하고 있다. 한류 1.0 시대는 1997~2000년대 초로 한국 대중음
악이 중국, 베트남, 대만을 중심으로 주목받기 시작하였다. 한류
2.0시대는 2000년대 중반으로 한류가 심화되기 시작되는 시기이
다. 〈겨울연가〉와 〈대장금〉이 일본과 중동에서 크게 히트하였다.
보아, 동방신기 등을 중심으로 K-팝이 약진하는 시기였다. 한류
3.0시대는 2000년대 중반으로 한류가 지역적으로나 분야 면에서
다양화되는 시기였다. 한류 4.0시대의 키워드는 융합, 현지화,
콘텐츠의 다양화, 네트워크를 통한 지속 가능한 한류이다. 앞으
로 한류는 융합이라는 큰 물줄기 아래 감성, 예술, 기술, 산업과
결합해야 하는 시기이라고 강조되고 있다.

현지화나 글로컬리제이션(glocalization: globalization(세계화)과

localization(현지화)의 합성어)이 이루어지는 방향으로 가고 있다. 각 국의 사회적 · 정치적 · 문화적 환경과 충돌을 피하고 현지 산업 들과의 상생에 입각한 상생의 모델을 만들어가야 한다. 쌍방 소 통이나 쌍방 이익의 중요성이 강조되어야 한다. 네트워크를 통한 지속 가능한 선한 한류, 상생 한류의 중요성이 강조되어야 한다. 콘텐츠의 다양화도 꼭 이루어야 한다. 인류의 보편적 가치와 한 국의 바람직한 가치가 상호 융합되는 콘텐츠 개발에 전력을 다해 야 한다.

문화의 전파에는 세 가지 형태가 있다. 첫째는 두 문화가 함께 공존하는 형태이다. 둘째는 한 문화가 다른 문화로 동화되는 현 상이다. 그리고 셋째는 두 문화가 융합하여 새로운 문화가 탄생 하는 것이다.

한류가 지속적으로 발전하기 위해서는 두루두루 이롭게 만드 는 홍익사상에 바탕을 둔 문화의 융합으로 가야 한다는 생각이 든다. 누구에게나 이롭게 한다는 한국의 건국사상인 홍익사상과, 서양의 지식이나 지혜 그리고 글로벌 가치권이 힘쳐 융합되는 쪽 으로 가야 한다. 그 길이 상생의 길이요, 제4차 산업혁명의 특징 인 융합의 길이다.

융합적 특징 외에도 한류에는 다양성이 있다. 융합에 필연적으로 따라오는 것은 혁신성이다. 한류에는 상업성과 예술성이 함께 있고 화해와 상생의 메시지를 담고 있다고 서양 언론들은 강조하고 있다. 글로벌 이슈들을 보편적인 원칙을 잃지 않으며 한국인들의 관점에서 조명하여 공감의 폭을 넓히고 있다. 보편성에 기반을 둔 할리우드 성공 방식을 한류가 한 단계 진보하여 성공시키고 있다고 할 수 있다.

● ● ●
한류의 경제적 효과

한국수출입은행의 보고서에 의하면 한류 콘텐츠 수출이 1억 달러 증가할 때 화장품, 식품 등 소비재 수출도 1억 8,000만 달러가 함께 증가하는 것으로 조사되었다. 한류가 제조업 수출에 미치는 영향이 막대하다 하겠다. 한류 콘텐츠 수출액은 2016년 60억 달러, 2021년 127억 달러로 급증하였다. 이는 가전 수출(87억 달러), 2차 전지 수출(87억 달러), 전기차 수출(70억 달러)에 비교된다. 2023년 수출액은 132억 달러로 증가되었다. 여기에는 공연, 광고 등에 의한 막대한 소득은 포함되고 있지 않다. 여기에 더하여 한국의 브랜드 가치 상승에 엄청난 기여를 하고 있다.

생소하지만 매력적인 '산업 한류'의 혁명

산업 한류의 파워도 갈수록 커지고 있다. 사실 산업 한류라는 용어는 조금 생소하지만, 매력도라고 말하는 소프트 파워 관점에서 보면 이해가 가는 용어이다.

예를 들면 미국 경제지 〈포브스〉가 독일 시장조사업체 스태티스타와 57개국 15만 명의 근로자를 상대로 공동 조사하여 2023년 4월에 보도한 결과에 의하면 대한민국의 삼성이 "세계 최고의 직장으로 가장 근무하고 싶은 기업"에 3년 연속 1위를 하였다. 한국 그리고 한국 기업의 이미지, 매력도, 소프트 파워를 높이는 사례라는 생각이 든다.

참고로 2위에 마이크로소프트, 3위에 IBM, 4위에 알파벳(Alphabet), 5위에 시가 총액 세계 1위인 애플이다. 삼성을 제외하면 모두 미국 기업이다. 삼성은 한국의 소프트 파워를 높이는 자랑스러운 기업임에 틀림이 없다.

미국 텍사스주 정부는 학교에서 한글을 배우는 기회를 확대하고 한글을 창제한 세종대왕 동상 건립을 추진하고 있다고 한다. 한국 업체들의 텍사스주 진출에 대한 화답이라고 생각된다. 산업이 한류를 확대하고 있는 케이스이다. 세계 반도체 장비산업의 상위 4개 업체가 모두 한국에 R&D센터를 만들겠다고 한다. 한국이 산업적인 측면에서도 매력이 있기 때문이다. 하드 파워와 소프트 파워에서 강점이 있기 때문이기도 한다.

뉴패러다임미래연구소 박광기 소장이 중심이 되어 저술한 **《산업 한류 혁명》**에 따르면 문화 한류처럼 산업 한류도 해외로 확대되어왔다. 원자력, 조선, 건설, 반도체, 가전, 자동차, 전기차, 전기차 배터리, 방산, 바이오, 음식 등의 산업 분야에 대한 외국의 인식도 매우 좋아지고 있다.

한국의 장점 중의 하나는 "한국은 극빈국, 개도국, 중진국 모두에 필요한 산업과 기술을 보유한 세계 몇 안 되는 나라 중의 하나"라고 강조하고 있다. 한국이 문화 외의 산업 분야에서도 매력 있는 나라로 보이는 이유 중의 하나라는 생각이 든다.

김기찬 교수를 비롯한 국내 경영학 교수진이 펴낸 《대한민국을 선진국으로 이끈 K-경영》에서는 문화적 한류는 경제적 한류를 발판으로 삼았다고 말하고 있다. 위기를 기회로 만든 한국형 성공 기업을 분석하고 있기도 하다. 10대 기업을 중심으로 한 K-기업들의 공통된 특징은 다음과 같다.

"첫째, 세계 최고를 꿈꾸는 dreamer다. 국내 1위에 만족하지 않고 세계 최고가 되기 위한 지속적인 열정과 결단을 보여주었다.

둘째, 엄청난 속도로 선두를 따라잡는 최강의 추격자(fast follower)다.

셋째, 인재 유치와 육성에 엄청난 인센티브를 제공하고 지역사회와 커뮤니티 번영에 지속적으로 투자하는 기부자(giver)의 모습을 보여주었다."

상생 정신 또는 홍익사상의 정신을 바탕에 두고 있다. K-경영은 다르게 보는 통찰력, 미래와 사람을 보는 눈, 창조와 혁신을 위한 도전 정신 등이 포함되고 있다 할 수 있다.

김기찬 교수는 2023년 초에 인도네시아 프레지던트대학교의 국제 부총장에 임명되기도 하였다. 김 교수는 동 대학에서 'K-기업가정신'에 대한 강의를 해왔고 인도네시아 측이 한국기업들의 성장전략을 높이 평가하고 있는 결과라고 생각한다.

이러한 정신에 입각하여 산업 한류와 문화 한류의 융합 또는 상생 전략은 한국의 미래 발전에 중요한 원동력이 될 것이라고 여겨진다.

터키의 메이저 미디어 기업 중 하나인 NTV는 "오늘날 한류는 소프트 파워를 넘어 스마트 파워로 이해되어야 한다"고 주장하기도 했다. 한국의 하드 파워도 그만큼 많은 성장을 했다는 것을 뜻하기도 하다.

한국의 반도체, 전자, 조선, 원자력발전소, 자동차, 철강, 전기차 배터리, 방산 제품, 화장품, 건설 등의 분야에서 세계 최고의 경쟁력을 가지고 있는 것이다.

소프트 파워와 경영

경영의 세계에서도 경영자의 소프트 파워 소양은 매우 중요하다. 연봉, 승진, 이동 등 강제적인 경영 방식의 효과는 줄어드는 사회로 가고 있다. 회사의 현재나 미래에 많은 영향을 주는 주주,

종업원, 경영진, 소비자, 지원 금융기관, 언론, 시장, NGO 등 수많은 이해 당사자들의 힘이 커지는 사회로 가고 있다. 이들에게 매력을 제공하고 자발적 소통과 협력을 끌어낼 방법의 하나가 소프트 파워라는 생각이 든다.

로버트 그린(Robert Greene)은 《유혹의 기술(The Art of Seduction)》에서 유혹의 문명화, 정교화, 세계화, 생활화(일상화)를 강조하고 있다. 한류가 이 전략적 방향의 길을 가고 있다는 생각이 든다. 서구 언론들은 한류가 세계화, 정교화, 융합화를 통하여 서구 젊은이들의 일상생활에까지 영향을 미치고 있다고 보도하고 있다. 정치인은 국민이, 상품은 고객이, 기업은 시장이 매력을 느끼도록 해야 한다. 소프트 파워의 소양이 없으면 쉽지 않은 사항들이다.

21세기 경영의 키워드에는 '사람, 문화, 융합' 등이 포함된다. 사람의 마음을 움직이는 능력은 경영의 핵심 중의 하나이다. 그래서 경영자에게는 문화적 또는 인문학적 소양이 매우 중요하다. 한 영역과 다른 영역의 융합은 지식정보화사회 또는 제4차 산업혁명의 사회에 대한 중요한 특징이다.

소통과 협력을 통해 개개인들의 융합 능력, 부서 간의 융합 능력, 외부인과의 융합 능력을 키워가야 하는데 이를 위해서는 소프트 파워적 소양이 매우 중요하다.

특히 재무적 자원이 부족한 회사들은 더욱 그렇다. 인간의 마음을 이해하지 않고는 어려운 일들이다. 경영의 세계에서 심리학이나 마음의 폭넓은 이해가 중요한 이유이기도 하다.

마음이란 무엇인가?

영국의 윈스턴 처칠은 1943년 하버드대학교 연설에서 "21세기
는 마음의 제국이 될 것"이라고 강조하였다. 처칠의 깊은 통찰력
에 감복하지 않을 수 없다. 지식이 머리로 분별하는 것이라면 지
혜는 마음으로 깨닫는 것이라고 했다. 지식 습득 능력은 지능지
수(IQ)와 관련이 많고 지혜는 마음의 문제이기도 하다. 경영의 세
계에 영향력을 미치는 대가 중에 심리학자들이 많이 포함되어 있
는데 경영의 중요한 부분이 사람에 관한 것이고 심리학이 사람의
마음을 다루는 학문이기 때문이다.

마음이란 사전적 의미로는 '사람이 다른 사람이나 사물에 대해
어떤 감정이나 의지, 생각, 인지, 기억, 상상력의 복합체로 드러
나는 지능과 의식의 단면'이라고 한다. 또 '사람의 감정, 생각, 기

억 따위가 생기거나 자리 잡는 사람의 가슴속에 있다고 믿어지는 공간'이라고도 했다. 신경정신과 과학자들은 '마음은 뇌의 물리적 작용'이라고 말하고 있다. 사물을 아는 지성, 느끼는 감정, 하고자 하는 의지를 마음의 3요소라고 한다.

● ● ●

마음과 뇌

달라이 라마는 "마음은 뇌의 물리적 표현이면서 동시에 뇌에 물리적 변화를 일으키는 원인이 될 수 있다"고 주장하였다. 세계신경학회도 달라이 라마가 제기한 가설을 긍정적으로 받아들이는 움직임이었다. 그래서 달라이 라마는 2005년 세계신경학회에 초청되어 〈뇌의 가소성〉이란 주제로 기조연설을 하였다.

뇌의 가소성(신경 가소성)이란 인간의 두뇌가 경험, 훈련, 학습에 의해 변화되고 적응될 수 있다는 얘기이다. 즉 뇌는 훈련하면 변한다는 것으로, 뇌는 필요한 상황에 맞추어 신경망을 쉼 없이 재구성한다는 것이다.

우리가 어떤 마음을 가지고 있느냐에 따라 우리의 사고와 행동 그리고 뇌에 영향을 주어 삶의 내용이 달라진다는 뜻이기도 하다. 플라시보 효과(Placebo effect)가 있다. 환자의 마음속에 낫는다는 확신을 심어주면 환자의 마음속에서 나을 거라는 희망의 뇌회로를 작동시켜 실제로 효과가 생긴다는 것이다.

일본 교토대 영장류 침팬지 연구 전문가 마츠자와 테츠로는 "침팬지도 마음이 있다"고 단언한다. 그러나 마음이 마음을 반영하는 능력 또는 자기 마음을 인지하는 능력은 인간만이 가지고 있다고 강조하고 있다. 자기 마음을 인지하는 능력이야말로 상생의 마음이기도 하고 발전의 원동력이라 생각된다.

근본이 변하고, 광범위하게 변하며, 빠르게 변하는 새로운 사회로의 적응이나 생존을 위해 필요한 '기억 지우기'나 '폐기학습(unlearning)' 등은 마음 활동을 통해서 이루어지기도 한다.

역사학자 토인비는 "역사적인 실패의 반은 찬란했던 시절에 대한 기억에서 비롯되었다"고 강조하였다. 기억 지우기나 폐기학습이 매우 중요하다는 얘기이다. 모두 마음의 문제이고 뇌의 문제이다.

일본의 다카하시 히로카즈는 《퀀텀 시크릿(Quantum Secret)》에서 꿈과 소원을 이루게 하는 법칙을 과학적 이론 특히 양자이론으로 설명하고 있다. 상상이 어떻게 현실을 만들어내는지 양자역학의 과학적 근거를 통해 설명하고 있다. 특히 명상을 통한 깨달음과 상상을 통한 이미지 생각법을 통해 꿈을 이루는 11가지 법칙을 설명하고 있다. 우리 모두는 물론 특히 학생들이 관심을 가져야 할 내용이라는 생각이 든다.

새로운 사회 즉 지식정보화사회, 제4차 산업혁명의 시대, 꿈의 사회, 메타버스 시대에는 마음이 더욱 중요해지고 있다. 경영의 대가 잭 웰치(Jack Welch)는 "심리학을 등한시한 채 최고경영자가 될 수 있다는 착각을 버려라"고 강조하였다. 경영에서 마음의 중요성을 강조한 것이라 하겠다.

최고경영자 심리코치 전문가인 천서우룽은 《사장을 위한 심리학(Psychology for the Boss)》에서 "경영의 99%는 사람의 마음을 읽는 것"이라고 강조하였다. 최고경영자는 심리학만큼은 몰라서는 안 된다며 마음의 중요성을 강조하였다. 고객의 마음, 주주의 마음, 직원의 마음을 읽지 못하는 최고경영자는 성장, 번영하는 데 문제가 많아지는 사회로 가고 있다.

세계적 심리학자 대니얼 골먼(Daniel Golman)도 "CEO의 감정 관리는 성공적인 기업경영의 관건이며 발전을 가져오는 보이지 않는 손"이라고 강조하였다. 미국의 회사들은 1970년대부터 EAP(근로자 지원 프로그램, Employee Assistant Program)를 도입하여 건강한 마음과 바른 마음을 위한 마음 경영을 강화하고 있다.

심리학자이면서 경영계에 엄청난 영향력을 주고 있는 하버드 대학교의 하워드 가드너(Howard Gardner) 교수는 마음의 중요성을 강조하며 《미래 마인드(Five Minds for the Future)》라는 책을 내놓았다. 가드너는 한때 〈월스트리트저널〉이 선정한 '세계 경영의 대가 20인' 중 5위에 선정되기도 하였다. 심리학자로서는 파격적인 결과라 할 수 있다.

경영의 세계에서 마음, 지혜, 심리가 그만큼 중요하다는 뜻이기도 하다. 산업사회에서는 한두 가지 마음만으로도 성공할 수 있었지만, 과학기술의 발달, 방대한 정보의 세계적 이동, 컴퓨터와 로봇의 상용화, 세계화 등을 맞이하고 있는 새로운 사회에서는 학습 마인드(disciplined mind), 종합 마인드(synthesizing mind), 창조 마인드(creative mind), 존중하는 마음(respectful mind), 윤리 마인드(ethical mind)의 5가지 모두가 있어야 성공하는 시대라고 강조하고 있다.

가드너는 종합 마인드를 가장 중요한 마음으로 보고 있다. 정보의 홍수 속에서 종합하는 마인드를 통해 중요한 것과 무시할 것, 관심을 가져야 할 것과 흘려보낼 것을 판단하는 마음이 중요하다고 말하고 있다. 다양한 출처로부터 정보를 얻고 그 정보를 객관적으로 이해하고 평가하며 숲과 나무를 동시에 보면서 그 정보를 자신과 다른 사람들이 이해할 수 있도록 구성하는 마음이며 종합하는 마음을 갖추지 못하는 사람은 정보의 양에 압도당할 것이며 문제에 봉착했을 때에 현명한 결정을 하지 못한다고 강조하고 있다. 아인슈타인의 상대성 이론도 기존의 이론을 새로 종합한 결과라고 한다. 피터 드러커도 "창의성이란 기존의 것을 새로 조합하는 것"이라고 강조하였다.

예일대학교 교수인 에이미 추아(Amy Chua)는 《제국의 미래(Day of Empire)》에서 "페르시아, 로마, 몽골, 대영제국, 미국 등의 패권 장악의 핵심적 요소는 관용이었다"고 강조하고 있다. 관용이란 이질적인 사람들이 그 사회에서 생활하고 번영할 수 있도록 허용하는 것을 말한다. 관용은 존중하는 마음에서 출발한다. 차별 없이 포용하는 마음이 있어야 가능하다. 국민을 자기와 다른 생각을 하고 있다고 무시하고 비난하는 행위가 난무하는 사회나 국가는 번영할 수 없다고 생각된다. 김대중 대통령이 자기를 죽이려 했던 전직 대통령에게 측근을 보내 국정에 관한 조언을 들어오도록 하였다. 상생의 마음, 관용의 마음이 국가를 발전시키는 원동력을 키울 수 있다는 말이기도 하다.

일본 다마대학 다사카 히로시 교수는 《슈퍼제너럴리스트: 지성을 연마하다》에서 지식, 지능, 지성을 다음과 같이 설명하고 있다. "지식이란 말로 드러나는 것 또는 책으로 배우는 것으로 주로 머리와 관련된 것으로 체계화된 정보다. 지능은 답이 정해져 있는 물음에 곧바로 정확한 답을 내놓는 능력을 말한다." 이를 위해서는 기억력이 좋아야 한다.

전통적인 학교 공부, 시험, 학원 등을 통한 교육은 이 부분에 집중되어왔다. 이러한 지식이나 지능에 관한 능력은 인공지능(AI)으로 빠르게 대체되고 있다.

지식정보화사회, 제4차 산업혁명의 시대, 지혜 사회, 꿈의 사회, 메타버스로 급격하게 진행되면서 지혜나 마음이 점점 더 중요한 시대로 가고 있다.

《성공한 사람들의 7가지 습관(The 7 Habits of Highly Effective People)》의 저자 스티븐 코비(Stephen R. Covey)는 "21세기 지식 정보화 사회 다음은 지혜 사회"라고 강조하고 있다. 피터 드러커도 1995년 발간한 《미래의 결단(Managing in A Time Of Great Change)》에서 "지식은 행동을 위한 도구일 뿐 목적 그 자체는 아니다. 지식을 지혜로 연결하지 못하는 상황이야말로 해결해야 할 아주 중대한 도전"이라고 강조했다. 《이젠 지혜 사회이다》의 저자 손기혁도 경영에서의 지혜의 중요성을 강조하고 있다. 머리가 중요한 사회에서 마음이나 지혜가 점점 더 중요한 사회로 가고 있다고 여겨진다. 모두 마음과 관련된 얘기들이기도 하다. 경영에서의 성공은 경영자가 자신의 마음을 얼마나 잘 다스리고 타인의 마음을 얼마나 많이 감동을 주느냐에 달려 있다고 할 수 있다. 이해당사자들에 대한 공감 능력이 중요해지고 있다. 다면 소통의 중요성이 강조되고 있다.

㈜휴넷플러스의 경영철학은 "고객에게 감동을, 주주에 만족을, 직원에 행복을, 사회에 기여를"이다. 모두 이해당사자들의 마음을 얻자는 얘기이다. 시대에 적합한 상생의 경영철학이라고 생각한다. 고객의 마음을 읽지 못하는 경영자는 성공할 수 없고, 주주의 마음을 읽지 못하는 경영자도 문제가 많으며, 임직원들의 마음을 읽지 못하는 경영자도 지속적 성장을 기대하기 어렵다. 사회에 기여하는 기업이 소프트 파워를 얻는다고 생각된다.

기업들은 ESG 경영을 통해 사회에 기여 하고자 하는 흐름이 확대되고 있다.

ESG란 Environment(환경), Social Responsibility(사회적 책임), Governance(지배구조)의 약자로 기업들이 악화하는 지구 환경과 기업의 사회적 책임 그리고 윤리에 기반을 둔 투명한 지배구조의 강화를 통해 사회와 상생의 모델을 만들어가고자 하는 움직임을 말하고 있다. 국내 기업들은 환경에 중점을 두고 ESG 경영을 확대하고 있고 선진국 특히 미국 기업들은 기업의 사회적 책임에 중점을 두고 있다. ESG 경영에서도 상생의 마음이 매우 중요하다. 나 아닌 다른 사람에게도 모든 사물에도 이롭게 하자는 대한민국의 건국이념인 홍익인간의 마음이 중요하다. 경영의 세계에서 마음의 역할이나 상태가 중요하다. 아이들 교육에서도 마음 교육이 매우 중요한 사회로 가고 있다. 우리 자녀들이나 조직구성원들의 마음 교육이 중요한 이유이다. 마음 교육에는 마음챙김, 명상, 최면, 긍정적 사고 등이 매우 효과적이라고 한다.

일본의 행복학 전문가 모치즈키 도시타카는《보물지도》에서 "성공한 사람들은 과거에 감사하고 현재를 설레며 살며 미래의 꿈을 꾸는 사람들"이라고 했다. "우리의 발목을 잡는 것은 신체가 아니라 신체적 한계를 믿는 사고방식 즉 마음이 문제"라고 강조하고 있다. 심리학, 인문학, 인지과학, 신경과학, 행동경제학 등 다양한 학문을 이해하고 융합하는 능력을 배양해야 훌륭한 경영자나 리더가 될 수 있고 훌륭한 경영을 할 수 있다는 것이다.

잭 웰치나 하워드 가드너처럼 훌륭한 경영자나 심리학자들이 한결같이 경영에서 마음의 중요성을 강조하고 있다. 조직이 작고 종업원 수가 적으며 인적·물적·지적·시간적·재무적 자원이 부족한 중소기업에게는 마음의 문제가 더욱 중요하다고 생각된다.

산업사회에서는 사람과 일의 관점에서 보는 경향이 강했다. 시키는 일을 잘하는 인재가 최고의 인재였다. 그래서 정해진 답을 알아맞히는 능력을 측정한 지능지수가 중요한 사회였다. 그러나 지금의 사회 또는 앞으로의 사회에서는 사람과 사람의 관점의 중요성이 더욱 강조되고 있다. 아무리 일을 잘하더라도 팀원들과 사이가 좋지 않다면 환영받지 못하는 사회로 가고 있다.

사회적 자본(social capital)의 개념에 포함되는 사람과 사람, 사람과 조직, 조직과 조직 간의 사이의 질이 좋지 않으면 조직은 문제가 많아진다는 얘기다. 모두 마음의 문제이기도 하다.

최고경영자가 마음의 힘을 키우기 위해서는 임직원과 나란히 서서 같은 곳을 보는 공감하는 마음, 자기의 내면과 환경에서 긍정적인 측면을 찾아서 활용하는 능력, 기존의 틀에서 과감하게 벗어날 줄 아는 용기, 일의 자율성을 주어 권한을 갖고 책임을 다하여 자존감을 느끼게 하는 능력을 키워가야 한다. 모든 임직원은 창업자의 비전을 중심으로 같은 곳을 바라보는 마음을 키워가야 하고 그러한 기업 문화를 만들어 가는 것이 매우 중요하다 할 수 있다.

"기업 문화는 승부를 결정짓는 하나의 요소가 아니라 기업 문화 그 자체가 승부"라며 경영에서 기업 문화가 가장 중요하다고 강조한 IBM 전 최고경영자 루이스 거스너(Louis V. Gerstner)의 말을 잘 음미해야 한다고 생각된다. 마음의 세계를 다루는 심리학을 모르고서는 훌륭한 경영자가 될 수 없다는 잭 웰치의 말을 경청해야 한다.

지도자나 경영자는 늘 사심이나 흑심 또는 치심을 버리고 초심, 공심, 관심을 가지고 국민이나 이해당사자들에게 세심한 배려를 하고 안심시키는 전략적 마인드를 가져야 한다.

최고경영자가

마음의 힘을 키우기 위해서는

임직원과 나란히 서서

같은 곳을 보는 공감하는 마음,

자기의 내면과 환경에서

긍정적인 측면을 찾아서 활용하는 능력,

기존의 틀에서 과감하게 벗어날 줄 아는 용기,

일의 자율성을 주어 권한을 갖고

책임을 다하여 자존감을 느끼게 하는

능력을 키워가야 한다.

2부

새로운 사회의
바람직한 인재의 소양들

바람직한 인재상은 무엇일까?

역사적으로 바람직한 인재상은 정치, 경제, 사회, 문화적 시대 상황에 따라 변해왔다. 시대마다 바람직하게 여겨졌던 인재의 특징을 알아보는 것이 현재 또는 다가올 사회에 적합한 인재를 조명하는 데 의미가 있을 것 같다. 그리스 로마 시대에는 논리적 사고로 사람들을 설득시키는 이성적 인간을 선호하는 경향이 강했다. 타인을 설득하는 것을 기본목적으로 하는 수사학(rhetoric)이 발달되었다.

팍스 로마나 시대의 인재상의 특징은 열린 마음(open mind)이었다. 다양성을 인정하고 관용을 베푸는 것을 바탕으로 한 열린 마음이 매우 중시되었던 사회였다. 열린 마음은 다름과 틀림을 구별할 줄 알고 상생의 마음을 갖게 한다. 다양한 아이디어를 수용할 수 있는 기본적인 마음이다.

팍스 로마나 시대 번영의 핵심 요인이 되었던 관용의 마음은 열린 마음이 있어야 가능하다고 할 수 있다. 이 시대에는 하나의 전투에서 실패한 장수들을 처벌하지 않았다고 한다. 실패한 장수는 실패에서 많은 것을 배우고 다음 전투에서는 이기는 장수로 태어나기도 했다. 오늘날의 언어로 말하면 '실패의 자산화를 실천하였다'고 말할 수 있다. 열린 마음과 관용 또는 포용의 정신이 있었기 때문에 가능했다고 할 수 있다.

르네상스 시대의 인재는 다양한 방면에 관심과 열정을 쏟는 능력이 뛰어난 사람들이 환영받고 추앙받았다고 한다. 다재다능함이 매우 중요한 것이다. 오늘날 환영받는 폴리매스형 인재의 기준 중의 하나는 다재다능 이다. 그래서 폴리매스형 인재를 르네상스 인재상이라고도 한다.

대항해 시대의 인재상의 특징은 도전하는 마음이었다고 한다. 포르투갈, 스페인, 네덜란드, 영국에서는 미지의 세계를 찾아가는 도전 정신이 중요하였다. 지구가 둥글다는 사실을 알게 되었고 해외로 탐험하는 사람들이 많았다. 인도로 미국으로 동남아를 거쳐 동북아로 시야를 넓히기 시작하였다. 네덜란드의 동인도 회사 소속 선원이었던 하멜(Hendrick Hamel)이 1653년 난파되어 제주도에 표류했던 사실은 우리도 잘알고 있다. 초창기 미국에서도 프런티어 정신 또는 도전 정신으로 가득찬 서부 개척 활동이 활발했다.

산업화 시대의 인재는 지능지수(IQ)가 높은 사람들이었다. 지능이란 정답이 있는 문제를 알아맞히는 능력이다. 외우는 능력이 중요하다. 성찰과 폭넓은 사고력보다는 필기시험에 능한 인재가 환영을 받았다. 분업이 확대되어 인간을 노동력으로 바라보는 경향이 강했다. 분업의 시대 전문가에게는 높은 인지능력 또는 지능지수가 매우 중요했다. 시키는 일을 실수 없이 잘해야 했다. 그러나 IQ를 중심으로 한 전문성과 분업이 강조되는 사회의 인재는 AI로 빠르게 대체되고 있다.

지금의 시대를 지식정보화사회, 제4차 산업혁명의 사회, 꿈의 사회, 메타버스의 사회라고 한다. 이러한 사회들에서의 바람직한 인재상은 무엇일까? 다음에서 알아보자.

뇌의 특성을 이해하고 훈련시켜야

뇌의 효율성과 효과성

무턱대고 열심히 하면 되는 시대는 지나갔다. 뇌의 특성을 이해하고 활용하여 효율성과 효과성을 높이려는 자세가 필요하다.

도쿄대학교 교수이자 최고 권위의 뇌 과학자 이케가야 유지는 《최적의 공부 뇌》에서 사람들 대부분이 발휘하는 능력은 실제 능력의 1%에 불과하다고 말한다. 그래서 뇌를 최적화하면 능력은 10배로 늘어날 수 있다고 강조한다.

뇌의 최적화는 여러 가지 상황에서 뇌 상태를 최대한의 성능을 발휘할 수 있도록 만든다는 뜻이기도 하다. 세타파가 나오게 하고, 편도체를 활성화시키며, 배고플 때나 움직일 때 공부하고, 시원한 환경에서 또는 수면 직전에 공부하면 효과적이라고 강조한다.

해마가 뇌에 입력되는 정보를 필요한 정보로 인식하게 만들기 위해서는 열정적으로 꾸준히 그리고 성실하게 반복하여 정보를 입력하는 수밖에 없다고 말하고 있다. 끈질기게 들어오는 정보를 중요한 정보라고 착각하게 만들어야 한다는 것이다. 결국, 반복적으로 입력해야 한다는 것이다. 반복적으로 입력하려는 의지와 열정 그리고 습관이 중요하다는 얘기이다. 유지 교수는 '기억이란 새로운 신경회로의 형성'이라고 말하고 있다. 신경회로란 신경섬유로 연결된 신경세포들의 집합이다.

인간의 뇌 속에는 대략 1,000억 개의 신경세포가 있고 각 신경세포는 저마다 1만 2,000개의 다른 신경세포와 신경섬유라는 케이블로 연결되어 있는데 그것이 신경회로다. 그래서 원하는 정보를 자주 열정적으로 끈기 있게 그리고 반복적으로 뇌에 입력시키고 노력하면 많은 신경회로가 형성된다. 정보의 입력단계는 감각기어, 단기기억, 장기기억의 과정을 거치는데 감각기억과 단기기억은 용량도 작고 시간도 짧기 때문에 짧은 기간에 반복하는 것이 중요하다.

유지 교수가 강조한 또 다른 내용은 다음과 같다.

"복습의 원칙만 지키면 뇌는 잊지 않는다. 복습하지 않고 무엇인가를 습득하려 하는 것은 뇌 과학적인 측면에서 올바르지 못한 자세이다. 뇌는 수면 중에 기억을 정리한다. 꿈을 꾸고 있을 때 기억은 성장한다. 좋은 수면은 지식의 질을 바꾼다. 시각 기억보다 청각 기억이 힘이 세다. 뇌에 최적화된 스터디 플랜을 가져라."

2006년에 하버드대학교 학보에 〈명상이 뇌를 키운다〉는 기사가 실렸다. 명상하는 사람의 뇌가 명상하지 않는 사람의 뇌보다 크다는 것이다. 특히 주의, 집중, 감각, 정보처리를 담당하는 뇌의 부위가 커진다는 것이다. 명상이 뇌의 생리학적 기능을 변화시킨다는 것이다.

일본의 정신과 의사 가바사와 시온은 《당신의 뇌는 최적화를 원한다》에서 인생을 바꾸어 줄 기적의 물질 7가지, 즉 도파민, 아드레날린, 노르아드레날린, 세로토닌, 멜라토닌, 아세틸콜린, 엔도르핀 등이 나오는 상황을 만드는 것이 중요하다고 강조하고 있다.

뇌의 최적화란 결국 이러한 호르몬들이나 뇌파들이 적기에 규칙적으로 자주 분비되거나 발생할 수 있는 상태를 만드는 것이라 하겠다. 산꼭대기까지 한달음에 뛰어가는 것보다 주위 경관을 즐기면서 천천히 산행하는 것과 같다고 강조하고 있다.

마음이 뇌에도 영향을 미친다는 달라이 라마의 뇌의 가소성 가설에 따라 우리가 마음을 어떻게 먹느냐 하는 것이 매우 중요하다 할 수 있다. 뇌는 기본적으로 춤추고, 노래하고, 부지런히 운동하는 도중에도 자주 평온한 마음을 유지시키는 뇌의 훈련과 마음 챙김이 중요하다고 한다. 뇌는 객관적 세상과 주관적 경험 사이에 존재하는 다리와 같다고 말한다. 다양한 사고와 경험이 필요한 이유이기도 하다. 뇌를 최적화하기 위해서는 충분히 숙면해야 한다고 한다.

좌뇌의 기능이 절대적으로 중요했던 사회에서 우뇌가 관장하는 대상이 점점 더 중요한 사회로 가고 있다. 지능지수(IQ)가 절대적으로 중요했던 시대에서 감성지수(EQ), 창의력 지수(CQ), 네트워킹 지수(NQ), 사회성 지수(SQ), 맥락지능 등이 중요해지는 사회로 가고 있다. 지식과 머리의 관계도 중요하지만, 사람과 사람의 관계를 관리하는 마음은 더욱 중요해진다는 이야기이다.

02 꿈과 상상력, 열정, 도전정신

미래를 향하는 힘

꿈과 상상력, 열정, 도전정신을 갖는 것이 젊은이들에게 가장 중요하다고 생각한다. 아무리 시대 상황이 바뀌더라도 이 세 가지를 가지고 있는 젊은이들은 반드시 성공하리라 생각한다. 이 세 가지는 인간이 긍정적인 마음으로 미래를 향해 가는 힘이요 원동력이기 때문이다. 새로운 사회에 성공적으로 적응하는 힘이기도 하다.

꿈

일본 벤처산업의 신화적 존재로 알려진 일본전산이라는 회사가 있다. 일본전산은 사명 선언서(Mission Statements)에서 개인이나 조직의 입장에서 꿈을 키워가는 것이 매우 중요함을 강조한다. 이지성 작가는 《꿈꾸는 다락방》에서 생생한 꿈(Vivid Dream)의 중요성을 강조하고 있다. 성공은 꿈의 결과라고 말한다. 여기에서 생생한 꿈이란 소망이나 바람 그리고 성공한 모습의 상상과 노력이 합쳐진 것이라고 생각된다.

클린턴 대통령은 고등학생 시절 케네디 대통령과 함께 찍은 사진을 가지고 다니면서 대통령을 꿈꾸었다고 한다. 성공한 모습의 상상은 생생한 꿈의 핵심 중의 하나이다. 성공한 모습의 상상은 현실의 세계와 가상의 세계를 구분하지 못하는 망상활성계 또는 세망신경계(RAS: Reticular Activating System)의 특성을 이용한 것이라고 한다. 성공한 모습을 상상하면 망상활성계는 정말로 성공한 것으로 간주하고 뇌에 전달되는 정보 중 성공한 모습에 해당하는 정보를 중심으로 저장시키는 역할을 한다는 것이다.

《탈무드》에는 "승자의 주머니 속에는 꿈이 있고 패자의 주머니 속에는 욕심이 있다"는 말이 있다. 우리에게 꿈의 중요성을 강조한 얘기이다. 현실의 세계는 유한하나 꿈의 세계는 무한하다고 했다. 작은 꿈은 평생 자신의 한계선이 될 수 있으므로 큰 꿈이 필요하다. 현실의 빈부 격차보다 더욱 심각한 것은 꿈의 격차다. 가슴속의 생생한 꿈은 머릿속의 많은 지식보다 중요하다. 꿈이 있어야 희망이 생기고 미래에 대한 긍정적인 생각이 들어 행복해질 수밖에 없다.

독일의 한 시인은 가슴에 태양을 품으라고 강조했다. 태양은 밝고(생생한 꿈), 뜨거우며(열정), 힘(도전정신)차기 때문이다. 꿈, 열정, 도전정신은 젊은이들이 키워가야 할 소중한 자산들이다. 꿈이 없는 젊은이는 더 이상 젊은이가 아니라고도 했다.

아인슈타인은 빛의 속도로 썰매 여행을 하는 꿈을 꾸고 상대성이론을 생각해냈다고 한다. 실제의 꿈도 중요하고 상상의 꿈도 중요하다고 한다.

영화감독 스티븐 스필버그도 "나는 열두 살 때부터 영화감독이 되기로 마음먹었다. 단순히 소망한 것이 아니라 내 꿈을 생생하게 그렸다"고 말하였다.

알렉산더 그레이엄 벨은 "어떤 일을 성공한 자와 실패한 자를 가르는 결정적인 요인은 노력이 아니라 무의식적 사고의 힘 또는 시각화의 힘이고 꿈을 시각화하라"고 강조하였다. 이미 성공한 모습을 생생하게 그리는 습관이 목표를 달성하는 가장 강력한 수단이라는 뜻이다.

나폴레옹도 "성공하기 위해서는 먼저 성공을 상상해야 한다"고 강조하였고, 한국계 일본인 손정의 회장도 "노력만 하면 부자가 될 수 없다. 부자가 되고 싶다면 부를 끊임없이 상상하라"고 말하였다.

홍콩 최대의 갑부 리자청은 "나는 언제나 최고의 부자가 된 나 자신을 상상하였다. 비결이라면 그것뿐"이라고 강조하였다.

개인이든 조직이든 생생한 꿈을 가지고 있는 것은 매우 중요하다고 생각된다. 하버드대학교에서 1953~1973년 기간에 대학원 출신들의 조사에서 글로 쓴 꿈 소지자 3%의 재산 합계가 아무것도 소지하지 않은 97%의 재산 합계보다 많았다고 한다. 꿈을 가지고 있는 것이 매우 중요하다는 것을 입증하는 조사 결과이다.

회사도 마찬가지이다. 꿈이 있는 조직은 역동성이 있는 조직 문화를 만들고, 미래지향적인 조직 문화가 만들어지며, 열정과 도전정신이 충만한 조직 문화를 만들어간다고 했다. 공부하는 조직 문화가 만들어진다고 했다. 긍정적인 마인드가 가득하고 단합된 조직 문화를 만든다고 했다. 무엇보다도 가장 중요한 것은 행복한 직장을 만들어간다고 생각한다.

클린턴 대통령이 케네디(John F. Kennedy) 대통령과 함께 찍은 사진을 품에 가지고 다니면서 대통령이 되겠다는 꿈을 그리는 원리하고 비슷하다 하겠다.

생생한 꿈의 중요성에 더하여 한 단계 진전된 생각의 중요성을 강조하는 사람이 있다. 꿈을 갖고, 계획을 세우며, 행동해야 함을 강조하고 있다. 꿈이 있는데 행동하지 않으면 현실이 될 수 없다는 것이다.

바로 미국의 조직심리학자 벤자민 하디(Benjamin Hardy)이다. 그는 저서 《퓨처 셀프(Future Self)》에서 "미래의 나로 현재를 살면 원하는 삶이 실현된다"라고 주장하고 있다. 미래의 나를 상상만 하지 말고 행동하라는 얘기다. 우리가 진정으로 실현하고 싶은 미래를 구체화하고 당연히 실현될 것을 전제하고 행동하라는 것이다. 미래의 나는 자신의 꿈과 상상력의 결과다. 생생한 꿈(vivid dream)의 중요성에 더하여 현재의 삶에서 꿈을 실천하라는 이야기이다.

독일 시인 릴케는 "꿈을 지녀라. 그러면 어려운 현실을 이겨낼 수 있을 것"이라고 하였다. 꿈은 클수록, 분명할수록, 상상할수록 이루어지는 확률이 높다고 한다. 머리로 생각하고, 마음으로 느끼고, 손으로 쓰고, 발로 뛸 때 이루어질 확률이 커진다고 한다. 꿈이 없으면 열정, 인내심, 근성, 의욕 등이 살아나지 않는 경향이 있다고 한다.

꿈은 좋은 책, 좋은 선배, 좋은 스승, 다른 사람의 활동 등을 보고 감동받을 때 생겨날 확률이 높다고 한다. 꿈이 없으면 기회가 줄어들고 좌절이나 절망하기 쉽고 긍정적 사고가 줄어든다. 꿈은 키워가야 하고 학부모님들은 아이들이 어릴 때부터 꿈을 키워가는 습관을 갖도록 노력해야 한다. 물론 젊은이들 또는 성인들에게도 꿈을 키워가는 사고는 매우 중요하다.

열정

영어에는 대략 75만여 개의 단어가 있는 것으로 추산된다고 한다. 그중 가장 아름다운 단어로 'mother(어머니)'가 선정되었고 2위는 'passion(열정)'이었다고 한다. 우리 인간에게 열정이 그만큼 중요한 소양으로 여겨져 왔다는 얘기이기도 하다.

열정은 자동차의 휘발유와 같고 아무리 좋은 자동차라도 휘발유가 없으면 움직여지지 않는다. 열정은 재능보다 중요하고 에너지의 근원이라고 생각한다. 현명한 사채업자는 열정 없는 사람에게는 돈을 빌려주지 않는다고 한다. 열정은 잠자고 있는 내적 잠재력을 키워주기 때문에 성공에로의 길을 이끌어 준다고 할 수 있다.

데일 카네기(Dale Carnegie)는 "직관과 인내심으로 무장한 불타는 열정을 성공의 핵심적 자질"이라고 말하였다.

윈스턴 처칠도 "아무리 실패하더라도 열정을 잃지 않는다면 실패를 극복하고 성공할 수 있다"고도 하였다.

자동차 왕 헨리 포드(Henry Ford)도 "열정은 모든 발전의 토대를 이루며 열정이 있으면 업적을 성취할 수 있지만, 열정이 없으면 변명만 남는다"고 강조하였다.

하버드대학교의 심리학자 테레사 아마빌 교수는 "창조적인 사람은 전문적 지식과 체계화된 경험, 발상의 전환과 함께 일에 대한 열정과 몰입을 가지고 있다"고 강조하였다.

미국의 GE의 리더십 향상을 위한 8대 핵심 가치 중 1위가 열정이다. 미국의 CNN 방송의 자매지 〈Business 2.0〉이 전 세계 50인의 석학들에게 2007년을 마무리할 때 성공한 삶의 가장 중요한 사고방식(mindset)이 무엇이냐고 물었는데 1위가 "능력보다는 열정으로 살아라"였다. "말하기보다 듣기에 열중하라. 실패에서 배워라. 다른 사람을 배려하라. 자기 자신을 사랑하라" 등이 포함되어 있다. **《좋은 기업을 넘어 위대한 기업으로**(Good to Great)**》**의 저자 톰 피터스(Tom Peters)도 "시스템이나 전략보다 사람과 열정이 초우량기업을 만든다"라고 강조하였다.

《자아도취형 리더가 성공한다(The Productive Narcissist)**》**의 저자 마이클 맥코비(Michael Maccoby)는 "생산적인 자아도취형 리더의 장점 중의 하나는 열정을 가지고 있다는 것"이라고 강조하고 있다. 그들은 일이 곧 삶이고 꿈, 모험정신, 끈기 등으로 가득 차 있다고 말하고 있다. 열정이 풍만한 조직은 조직 내에 에너지를 키우고, 구성원들의 충성심과 창의성을 키우고, 조직을 단합시킨다고 했다. 소통과 협력이 충만한 조직이 된다고 할 수 있다.

《열정 경영》의 저자 리처드 창은 "열정이 없는 조직은 불만, 높은 이직률, 혼란, 불균형, 좌절의 기업 문화가 확산되고 반대로 열정이 풍만한 조직은 관심과 격려, 책임감과 명료함, 생산성과 성취감, 충성심 등이 향상된다"고 강조한다.

도전정신

도전정신을 생각하면 모지스(Anna Mary Robertson Moses) 할머니 생각 난다. 1860년에 태어난 모지스 할머니(Grandma Moses)는 78세인 1938년에야 그림을 그리기 시작하였다. 그녀는 1961년 101세의 나이로 사망하기까지 23년 동안 1,600여 작품을 남겼다. 그녀가 그린 그림이 들어간 크리스마스 카드는 1억 장이나 팔렸다고 하니 매우 유명하고 인기 있는 작가라는 것을 알 수 있다. 93세에는 〈타임〉의 표지모델이 되기도 하였다. 그녀가 그림을 그리겠다는 생각은 꿈, 열정에 더하여 대단한 도전의 마음이 있었기에 가능했다고 생각된다. 아름다운 도전이라는 생각이 든다.

대한상공회의소 조사에 의하면 국내 주요 기업들은 슈퍼인재를 원하는 것으로 나타났다. 즉 전문성(speciality), 창의성

(unconventionality), 도전정신(pioneer), 윤리성(ethical), 주인의식 (responsibility) 의 5개 요소를 인재가 갖추어야 할 주요 덕목으로 선정하였다.

도전정신을 함양하기 위해서는 실패에 대한 열린 마음이 있어야 한다. 마이크로소프트 빌 게이츠 회장은 "성공은 실패의 기반 위에서 탄생한다"고 강조하였다.

서양에 다음과 같은 격언이 있다.

"Never regret yesterday. Life is in you today, and you make your tomorrow." 미래를 위해 도전하라는 메시지도 담고 있다.

'미국 독립의 아버지' 라 일컬어지는 벤저민 프랭클린(Benjamin Franklin)은 "도전 없이는 성취도 없다"고 강조하였다. 도전의 가치를 깨닫고 더 큰 도약을 꿈꾸라는 얘기이기도 하다.

유대인은 이 세상은 도전하는 사람들의 몫이라고까지 강조한다. 이는 유대인의 후츠파(Chutz Pah) 정신의 일부분이다. "인간은 실패하지 않고 성장하지 못한다. 인간은 패배했을 때에 끝나는 것이 아니라 포기했을 때에 끝나는 것"이라고도 한다.

피터 홀린스(Peter Hollins)는 《어웨이크(Awake)》에서 "기존의 삶을 바꾸고 싶다면 미지의 세계에 대한 두려움으로 망설이지 말고 무의식을 깨워서 과감하게 행동하여 자신을 더 나은 사람으로 성장시키라"고 말하고 있다. 실패를 두려워하지 않는 도전정신의 중요성을 강조하고 있는 것이다. 지금의 사회는 생각하면서 뛰고 뛰면서 생각해야 하는 시대이다.

현대그룹 창업자 정주영 회장은 꿈과 열정 도전정신으로 가득 차기로 유명하다. 정주영 회장은 "길이 없으면 길을 찾아라. 찾아도 없으면 길을 만들어라. 더 나은 세상을 만들기 위해서는 결단력을 가져야 한다. 미래에 대한 꿈은 언제나 현재의 행동으로부터 시작된다. 목표를 이루기 위해서는 용기와 도전의 정신이 필요하다"고 강조하였다. 그분의 삶이 꿈, 열정, 도전정신으로 가득 찼다는 생각이 든다. 정주영 회장의 철학이 우리에게 전하는 의미는 매우 크다고 생각된다.

꾸준히
공부해야

● ● ●

유대인의 배움과 활약

칼럼니스트 김욱은 《탈무드에서 마크 저커버그까지》에서 유대교는 평생의 배움을 강조하는 종교라고 말한다. 아이들이 어렸을 때부터 배운다는 것이 인생의 가장 아름다운 것이라고 강조한다고 한다. 그들은 아이들이 어렸을 때 토라의 첫 장에 꿀을 발라 꿀을 혀로 핥아보라고 한다. 학문을 통해 얻는 성과가 꿀처럼 달콤하다는 것을 강조하고 가르치기 위함이라고 하니 매우 지혜로운 관습인 것 같다.

하버드, 예일 등 미국의 명문 대학교에는 유대인이 인구 대비 많다. 이들 유대인이 명문대를 찾는 목적은 일류 기업에 취직하기 위한 것이 아니라 질 좋은 교육을 받기 위해서다. 학업은 꿈을 이룩하기 위한 과정으로 여기는 정신을 가지고 있다고 한다.

헬싱키대학의 조사에 의하면 유대인의 IQ는 95였고 한국인의 평균 IQ는 106이었다. 그럼에도 불구하고 IQ가 전부가 아닌 사회로 가고 있고 IQ 외의 지능이 중요해지고 있을 뿐만 아니라 창의적 교육의 방법이 달라서 유대인 중에는 세계적으로 성공한 사람들이 많다. 그들은 "물고기를 잡아주기보다는 잡는 방법을 가르쳐 주라"는 격언을 실천하는 민족이라고 한다. 그래서 많은 인재를 만들어냈다고 한다.

스티브 잡스, 마르크스, 빌 게이츠, 록펠러, 앨빈 토플러, 헨리 키신저, 마크 저커버그, 워런 버핏, 스티븐 스필버그, 조지 소로스, 로스차일드, 앨런 그린스펀, 조지프 퓰리처, 에디슨, 아인슈타인, 프로이트, 샤갈, 폴 뉴먼, 캘빈 클라인 등이 모두 유대인 출신들이라고 한다.

세계 인구의 0.1% 정도 되는 민족이 미국 억만장자의 40%를 차지하고 있다는 것은 놀라운 일이다. 그들은 죽는 순간까지 배움의 끈을 놓아서는 안 된다고 믿는다.

유대인에게는 "나이 들어 배우려는 사람은 젊은 아내와 결혼하는 노인과 같다"는 속담이 있다고 한다. 중년 이후의 새로운 배움은 인생에 새로운 활력을 불러온다는 가르침이기도 하다. 평생 배워야 한다는 가르침을 주고 있고 그들의 배움에 대한 생각과 열정은 지식정보화사회에서는 더욱 가치 있는 소양으로 여겨진다. 하버드대학교에서는 21세기의 바람직한 인재상으로 '꾸준히 공부하는 사람'을 포함시켰다고 한다.

● ● ●
점점 더 중요해지는 폐기학습

하지만 지금의 시대에는 근본이 바뀌고, 모든 것이 빠르게 바뀌며, 광범위하게 바뀌고 있어 기존의 인식 틀이나 행동 양식, 지식으로는 생존 번영하기 힘든 시대이다. 변화의 핵심적 내용이나 방향 그리고 일어날 상황 등에 대한 이해의 폭을 넓혀가는 공부가 필요하다. 기존의 사회에서 형성된 패러다임(인식의 틀)을 바꾸는 노력도 매우 중요하다고 생각된다. 쓸모가 줄어드는 과거의 지식이 많아지고 있다. 학문적 공부만이 아니라 새로운 지식을 습득하는 방법도 공부해야 한다.

꾸준한 공부도 중요하지만, 폐기학습이 점점 중요해지고 있다. 〈하버드 비즈니스 리뷰(Harvard Business Review)〉에서는 폐기학습을 다음과 같이 정의한다.

"Unlearning is not about forgetting what you have

learned. On the contrary, it is about being aware of it and still having the ability to modify habits or techniques in favour of personal or business evolution."

폐기학습이 지금까지 학습해온 것을 잊어버리라는 것이 아니라 기존의 것을 인식하고 개인이나 일을 보다 발전시키기 위해 지금의 습관이나 스킬을 고쳐나가는 것이라고 정의했다. 낡은 사고나 인식의 틀 그리고 현실에 맞지 않은 지식 등을 초월해야 새로운 것의 가치를 알 수 있다는 뜻이기도 하다.

산업사회에서 지식정보화사회, 제4차 산업혁명, 꿈의 사회, 지혜 사회, 메타버스 등으로 급격하게 이동하고 있는 상황에서 과거의 지식이나 경험이 새로운 사회로의 변화를 담아내지 못하고 무용지물이 되는 경우가 많다. 새로운 것을 배우는 것도 중요하지만 기존의 것을 버려야 새로운 것을 알 수 있는 경우가 많아지고 있다.

피터 드러커는 파괴적 혁신의 중요성을 강조하였다. 파괴적 혁신을 위해서는 기존의 지식, 습관, 행동, 인식의 틀 등에서 자유로워져야 한다. 앨빈 토플러는 "21세기의 문맹자는 배우고, 비우고, 재학습하지 못하는 사람들이 될 것"이라고 말하였다. 그러나 심리학에서 보고 싶은 것만 보고, 듣고 싶은 것만 들으며, 말하고 싶은 것만 말하려는 확증편향(confirmation bias) 때문에 아는 것을 바꾸고 새로운 지식이나 관점을 받아들인다는 것이 쉽지 않다. 특히 나이 든 사람들에게서 확증편향의 함정에 갇혀 있는 사람들이 많아 보인다. 많은 사람이 잘못 알고 있는 지식이 많다.

미국의 소설가 마크 트웨인은 "곤경에 빠지는 것은 무엇인가를 몰라서가 아니다. 무엇인가를 확실히 안다는 착각 때문"이라고 강조하였다. 최고경영자들이나 국가지도자들이 이러한 함정에 갇혀 있으면 그 조직이나 국가의 관점에서 보면 불행이다. 이것은 특히 여건이 좋지 않은 중소기업의 최고경영자들에게는 매우 중요한 이슈다.

심리학에서 더닝크루거 효과(Dunning-Kruger effect)라는 것이 있다. 인지편향의 하나로 '능력이 없는 사람이 잘못된 결론에 도달하지만, 능력이 없기 때문에 자신의 잘못을 알지 못하는 현상'을 말한다. '아는 만큼 보인다'는 말과 일맥상통한다. 능력이 부족한 사람은 자신의 능력을 과대평가하고, 다른 사람의 진정한 능력을 알아보지 못하며, 자신의 능력이 부족해서 생긴 어려움을 알아보지 못하고, 훈련이나 공부를 통해 능력이 나아지고 난 후에야 이전의 능력 부족을 알아본다. 일부 지도자나 경영자에게 무지, 천박, 뻔뻔함이 보이는 이유이기도 하다.

국가의 지도자나 경영자들이 이 함정에 빠져 있으면 국가나 회사의 불행으로 이어진다. 한정된 시간 동안 주어진 권력에 취해 무지함을 모르고 만용을 보여서는 안 되는 이유이다. 지도자나 경영자야말로 겸손한 자세로 배워가는 습관을 키워야 한다.

이러한 현상은 지식뿐만 아니라 시대 상황에 맞지 않은 인식을 가졌을 경우에는 더욱 심하다. 꾸준히 공부하고 패러다임을 바꾸어야 하는 이유이다. 더닝크루거 효과의 함정에 빠지지 않으려면 공부를 꾸준히 해야 하고, 자신의 능력을 객관적으로 평가하고 점검해야 하며, 아는 것보다 모르는 것을 찾아 공부해야 한다. 여기에 인식의 틀을 바꾸는 것은 더욱 중요하다. 주위에 훌륭한 조언자들을 많이 두어야 하는 이유이기도 하다.

폐기학습은 새로운 사회에의 이해를 통하여 지속적인 성장을 도와주고, 동기부여, 업무성과 증대 등을 가져온다. 효과적인 폐기학습을 위해서는 비움 학습의 과정, 재학습, 전환, 폐기학습의 내재화 등의 과정을 거치는 것이 효과적이라고 한다. 새로운 시대에 적합한 패러다임을 갖게 되면 폐기학습이 쉬워진다. 패러다임의 전환이 중요한 이유이기도 하다.

04 패러다임을 전환해야

● ● ●
인식의 틀

독일의 토마스 쿤(Thomas S. Kuhn)은 《과학혁명의 구조(The Structure of Scientific Revolution)》에서 과학적 패러다임이란 "법칙, 이론, 응용 방법, 사용 수단 등을 포함하여 과학연구의 전통과 특별한 관계에 있는 모델을 만들 수 있는 과학실험의 실사례를 인정하는 것"이라고 말하였다. 어렵고 모호하기도 하다. 패러다임에 관한 정의는 다양하게 서술되고 있다. 패러다임이란 '한 시대의 사람들의 견해나 사고를 근본적으로 규정하는 인식의 체계, 즉 우리가 세상이나 사물을 보는 인식의 틀 또는 마음의 틀'이라고 할 수 있다.

새로운 패러다임의 예를 들면 19세기 말 니체는 "신은 죽었다"고 선언하였다. 신으로 상징되는 절대적 가치가 무너지고 인간

중심의 새로운 가치가 생성되었음을 선언한 것이다. 이러한 패러다임 전환은 정치, 경제, 사회, 문화 등 우리의 삶에 막대한 영향을 주고 있다.

프라할라드(C. K. Prahalad)는 《경쟁의 미래》에서 "생산자는 죽었다"고 강조하였다. 과거 시장에서는 상품 가치를 생산하는 주체는 오직 기업가와 노동자로 대변되는 생산자였다. 그러나 요즈음의 사회에서는 소비자가 적극적으로 생산의 주체가 되어가고 있다.

경쟁 패러다임도 바뀌고 있다. 업체 대 업체의 경쟁에서 업체를 둘러싼 공급사슬 대 공급사슬의 경쟁으로 바뀌고 있고 동시에 업체를 둘러싼 생태계 대 생태계의 경쟁으로 바뀌어가고 있다. 업체 대 업체의 경쟁 시대의 패러다임으로 생태계 대 생태계의 경쟁이 치열한 새로운 사회에서는 생존하며 번영할 수 없는 것은 자명한 일이다.

인식의 틀을 바꾸어야 새로운 세상이 제대로 보이는 법이다. 패러다임이란 자신이 쓰고 있는 안경과 같다고도 했다. 파란 안경을 쓰면 세상이 파랗게 보이고 노란 안경을 쓰면 세상이 노랗게 보인다. 어떤 안경을 쓰느냐에 따라 세상이 달리 보인다.

적기에 패러다임의 전환에 실패한 스위스 시계 산업의 일시적 어려움은 유명하다. 기계적 메커니즘 시계의 3대 핵심 부품은 기어, 베어링, 메인 스프링이었다. 스위스 시계 산업은 세 가지 부품의 세계적 경쟁력이 매우 강했다. 1967년 스위스 연구소는 수정의 전자운동을 발명하였다. 세 가지 부품의 세계적 경쟁력이 매우 강했던 스위스의 시계 산업은 이 새로운 기술을 외면하였고 일본의 회사가 수정의 전자운동 관련 특허를 사들여 전 세계 시계 산업의 판도가 바뀌게 된다.

1979년부터 1981년 사이에 스위스 시계 산업의 종사자 6만 2,000명 중 5만 명(81%)이 직장을 잃게 되었다. 개인이나 회사 또는 국가가 패러다임을 적기에 변화시키지 않으면 생존 번영에 영향을 줄 수 있다는 것을 보여준 사례이다.

수직 사회에서 형성된 패러다임으로 수평 사회를 살아가려 해서는 안 된다. 산업사회에서 형성된 패러다임으로 지식정보화사회 또는 제4차 산업혁명의 시대를 살아가려 해서도 안 된다. 업체 간 경쟁의 시대에서 형성된 패러다임으로 생태계 간 경쟁의 사회에서 승자가 될 수는 없다. 새로운 사회에 맞는 패러다임을 갖추는 것이 지식을 많이 습득한 것보다 훨씬 중요한 사회로 가고 있다. 패러다임의 전환이 중요한 이유이기도 하다. 새로운 사회에 적합한 패러다임 또는 인식의 틀은 지적 수준보다 훨씬 중요하다는 얘기이다.

패러다임이 바뀌면 생각이 바뀌고, 생각이 바뀌면 행동이 바뀌며, 행동이 바뀌면 습관이 바뀌고, 습관이 바뀌면 운명이 달라져 결국 인생이 바뀐다고 했다. 그래서 습관이 경쟁력이라고 생각한다. 자녀를 둔 부모님들이 깊이 생각해야 할 문제라고 여겨진다. 경영자나 지도자가 되고자 하는 사람들이 깊이 생각해야 할 문제이다.

태조 이성계와 무학대사의 대화는 유명하다. 이성계가 좋아하는 무학 대사를 놀리려고 "스님, 내가 보기에는 스님은 마치 돼지처럼 보입니다."라고 말하였다. 무학대사는 "상감은 제가 보기에는 부처님처럼 보입니다"라고 응수였다고 한다. 이성계는 "아니 스님, 내가 스님을 돼지처럼 보인다고 놀리면 스님도 나를 무어라 흉을 보아야 재미있지 않소?"라고 농담을 하였다. 무학대사는 "돼지 눈에는 돼지가 보이고 부처 눈에는 부처가 보이는 법입니다"라고 말하였다.

아는 만큼 보인다고 했다. 인식의 틀, 또는 패러다임을 통해 세상을 보고 사물을 보게 된다. 시대에 적합하지 않는 인식의 틀을 통해 사물이나 세상을 보면 올바른 판단을 할 수 없다. 바람직한 길을 갈 수 없다. 시행착오가 빈번하여 자원, 노력, 시간의 낭비가 많아질 수밖에 없다.

　시대 상황에 알맞은 패러다임 전환이 중요한 이유이기도 하다. 특히 국가지도자나 최고경영자들이 시대 상황에 적합한 패러다임을 갖는 것은 더욱 중요하다는 생각이 든다.

　지식정보화사회, 제4차 산업혁명의 시대, 꿈의 사회, 메타버스 시대에는 근본이 바뀌고, 광범위하게 그리고 빠르게 바뀌고 있기 때문에 새로운 사회에 적합한 인식의 틀을 갖추어야 한다. 패러다임을 전환해야 사물이나 실체를 정확하게 볼 수 있고 올바른 의사결정을 할 수 있기 때문이다. 시행착오를 줄일 수 있고 효과적인 경영이 가능하다는 얘기이다.

　이지성 작가는 《스물일곱 이건희처럼》에서 "진정으로 당신 자신을 변화시키고 싶다면 참으로 독한 결단을 내려야 한다. 과거의 당신을 가차 없이 화형시키는 그런 결단 말이다. 과거의 당신이 죽지 못했는데 새로운 당신이 어떻게 탄생할 수 있단 말인가? 이런 결단과 의식 없이 진행되는 자기 계발은 유희에 불과할 뿐"이라고 강조하였다. 습관, 태도 등을 포함한 패러다임 전환의 중요성을 강조한 매우 공감이 가는 얘기이다.

직관력과 통찰력 그리고 맥락지능

● ● ●

제7의 감각, 직관력과 통찰력

오늘날의 사회는 매우 빠르게 변하고 있다. 근본이 변하고, 광범위하게 변하며, 불확실성과 불연속성이 커지고 있는 사회이다. 개인이나 지도자 또는 경영자는 어떤 이슈에 대한 과학적 또는 논리적 분석에만 의존해서는 안 되는 사회로 가고 있다. 지도자나 경영자의 이성적 겸손함이 매우 중요하다. 지도자나 경영자의 직관력, 통찰력, 맥락지능이 중요한 이유이기도 하다.

사전적 의미로의 직관력(intuition)이란 '직접적인 내적 지각 또는 영감을 얻듯이 봄'이라고 한다. 또는 판단, 추리, 경험 따위를 거치지 않고 어떤 대상을 곧바로 파악할 수 있는 능력이다.

컬럼비아 경영대학원 윌리엄 더건(William Duggan) 교수는 《제7의 감각-전략적 직관(Strategic Intuition)》에서 직관력을 세 가지로 구분하고 있다. 직관력을 주제로 한 그의 강좌는 2007년 컬럼비아대학의 가장 인기 있는 강좌였다.

첫째는 평범한 직관 또는 육감이다. 육감이란 좋은 느낌이든 나쁜 느낌이든 그 결과가 창조적이든 그렇지 않든 상관없이 특별한 노력을 들이지 않고도 본능적이고 즉흥적으로 느끼는 감정으로, 이것은 느낌이지 생각이 아니라고 했다.

영어의 emotion, feeling, gut instinct, vague hunches(감정, 느낌, 내장 본능, 막연한 직감) 등이 포함된다.

둘째는 전문가 직관(expert intuition)이다. 뭔가 익숙한 것을 생각할 때 깨닫는 순간적인 판단을 의미하며, 글래드웰(Malcolm Gladwell)은 이를 '블링크(Blink)'라고 하였다.

그는 저서 《블링크(Blink)》에서 우리는 자신이 하는 일에 능숙해질수록 비슷한 문제들을 더 빨리 해결할 수 있는 패턴을 인식하게 되는데 전문가 직관은 바로 그런 식으로 작동된다고 했다. 경영의 세계에서는 인간의 합리적이고 논리적인 사고가 복잡하고 모호한 문제를 모두 해결해주지 못하는 경우가 너무 흔하다. 잘 학습된 과학적 사고 또는 합리적 사고는 변화 없이 안정된 상황에서는 도움이 되나 가변적이고 복합적이며 불연속성이나 불확실성이 증대되는 상황에서는 치명적인 약점이 된다. 잘 훈련된 직관력 즉 전문가 직관은 어떤 과학이나 정보의 통합보다 정확하고 사안이 정형화되어 있지 않은 경우에는 더욱 그렇다.

전문가 직관, 즉 블링크는 기존 지식에 얽매이지 않고 다양한 정보나 자료를 빠르고 정확한 순간적 판단 능력으로 편견 없이 그리고 끊임없이 관찰하고 스스로 마음을 수련하는 과정에서 생겨난다. 결국, 경영자는 결단의 순간에 논리에만 의존하지 않는다고 생각한다.

미국의 사회심리학자 티모시 윌슨(Timothy D. Wilson)은 "인간의 정신은 고도의 정교한 사고를 많은 부분 무의식의 영역에서 끌어냄으로써 효율성을 높이고 상황에 따라 의식과 무의식 상태의 사고를 오가며 유연하게 대응한다"고 강조하였다.

셋째는 전략적 직관(strategic intuition)이다. 오랫동안 고민하고 있던 문제를 한순간에 해결해 주는 섬광 같은 통찰력을 통해 실천할 수 있는 아이디어, 즉 전략을 얻게 되는데 이것이 전략적 직관이다. 이는 평범한 직관 또는 모호한 감정이 아니고 선명한 생각이라고 했다. 그것은 전문가 직관처럼 빠르게 일어나지도 않고 익숙한 상황에서 작동하는 것도 아니며 낯선 상황에서 작동한다.

이탈리아의 철학자, 과학자, 천문학자이자 물리학자인 갈릴레이(Galileo Galilei)가 최초로 지동설을 주장하는 경우가 이에 해당한다.

● ● ●

지성과 직관은 보완관계

신경학자 에릭 캔들(Eric Kandel)은 모든 종류의 사고 과정에서 분석과 직관을 결합하는 완전한 뇌 모델을 제안함으로써 스페리의 이론을 뒤집었다. 지적 기억은 좌뇌든 우뇌든 상관없이 크고 작은 섬광 같은 통찰력을 통해 과거의 요소들을 가져다가 새로운 방식으로 결합하여 사고한다고 했다. 전략적 직관을 뇌의 비합리적인 부분에서 일어나는 비합리적 사고로 보지 않고 전체 뇌 안에서 일어나는 종합적 사고의 형태로 파악하고 있다.

결국, 지성과 직관은 대개는 보완적 관계라는 것이다. 소설가는 작품을 쓰면서 좌뇌로는 논리적 전개 과정을 구상하고, 우뇌로는 감정 표현에 적합한 말과 상황을 생각한다. 경영자는 좌뇌로 경영자료 분석, 평가, 관리에 관한 생각을 하고, 우뇌로는 혁신을 위한 창의적인 생각을 하고, 아이디어를 구체화하며, 전체적이고 포괄적인 깨달음을 얻는다. 우뇌는 휴가 중 또는 명상하는 과정에서 상상의 날개를 편다고 한다. 최고경영자에게 명상이 중요한 이유이기도 하다.

경영 환경이 급변하고, 다양하며, 변덕스럽다. 불확실성과 불연속성이 증대되고 있다. 이제 경영자는 멀리 보고, 넓게 보아야 하고, 새로운 패러다임으로 새로운 것을 보아야 한다. 경영의 이해당사자(주주, 고객, 종업원 등)들의 힘이 커지고 있다. 경영자에게 직관력이나 감성적 접근이 필요한 이유이다. 직관력과 통찰력이 있는 경영자가 필요한 시대이다.

독일의 테퍼바인(Kurt Tepperwein)은 《직관력》에서 직관력을 가지고 있는 사람들의 특성을 다음과 같이 말한다.

"긍정적 사고를 하고 내적으로 자유롭다. 자신감을 가지고 있으며 독립적이다. 열린 마음과 유연한 사고를 한다. 변화를 두려워하지 않고 경직된 규제나 행동방식에 얽매이지 않으며 능력을 믿고 새로운 것에 도전하는 마음을 갖는다."

이러한 직관력 발휘의 방해 요인으로는 논리적 또는 과학적 사고 위주의 교육, 직관력의 중요성에 대한 불신, 지성, 이성, 합리주의의 관여, 억압이나 자제 등의 문화적 배경 등을 들 수 있다. 변화에 가장 둔감한 법을 평생 다루어 법대로의 사고를 가지고 있는 사람들이 사회에서 충분한 경험없이 국가지도자나 최고경영자가 되어서는 안 되는 이유이기도 하다. 그런 사람은 사회에서 다양한 경험을 하고 지도자의 꿈을 꾸어야 한다. 국가와 국민에 대한 최소한의 예의이다. 테퍼바인은 "미래 경영의 해답은 직관적 경영이다. 성공이란 직관력의 결과이고 직관에 의한 해답은 최상의 해답"이라고까지 강조하였다.

영국 서리대학교(University of Surrey)의 유진 샌들러 스미스 (Eugene Sadler-Smith) 교수는 《직관(Intuitive Mind)》을 통해 기존 경영학계에서 직관의 중요성이 간과되고 있다고 주장한다. 그는 직관이야말로 기업의 의사결정, 생산성, 팀워크, 기업 윤리, 리더십 등을 매우 성공적으로 이끌 수 있는 능력이라고 강조하고 있다. 선입견, 편견, 고정관념, 희망 사항은 직관의 적이다. 직관과 과학적 분석은 서로 보완하며 상승 작용을 한다고 할 수 있다.

그는 직관을 심장, 머리, 손, 감, DNA, 뇌, 심리학 등 다양한 관점에서 조명한다. 직관이 경영의 세계에서 매우 중요한 역할을 하고 있으며 과학적 분석에 기초한 경영은 모든 것이 근본적으로 빠르게 변하고 불확실성과 불연속성이 커지는 상황에서는 한계가 있다고 주장한다. 경영은 정치, 경제, 사회, 문화, 심리, 자연과학 등 많은 분야와 관련되어 있고 이러한 분야와의 관계에서도 연구가 확대되는 흐름에 있다.

경영을 종합예술이라고 하는 이유이기도 하다. 인간의 사고는 분석적 사고와 직관적 사고로 구성되어 있는데 지금까지는 분석적 사고에 크게 의존하여 왔다. 그러나 기본이 변하고, 빠르게 변하며, 불규칙적으로 변하는 오늘날의 경영 세계에서는 직관적 사고의 개발이 중요하다 하겠다.

오늘날 컴퓨터 업계가 중점을 두고 있는 측면은 컴퓨터의 영감과 번뜩이는 아이디어, 즉 직관적 능력을 확대시키는 것이라고 한다. 다마시오(Antonio Damasio)는 느낌과 직관은 합리적 사고의 방해물이 아니라 오히려 합리적 사고의 원천이고 기반이라고 강조하고 있다. 과학자들은 느낌으로 논리적 개념에 이르고 창조적 사고와 표현은 직관과 감정에서 비롯된다고 말하고 있다.

클라크(Arthus C. Clarke)는 "우리는 진리를 찾아내기 위해 모형을 사용하는 것이 아니라 진리를 알아낸 다음 이를 설명하기 위해 수학 공식을 가동한다."고도 하였다.

아인슈타인은 "오직 직관만이 교감을 통하여 통찰력으로 이어질 수 있다. 연구의 성과는 면밀한 의도나 계획에서 나오는 것이 아니라 가슴으로부터 나온다"고 하였다. 다양한 분야에서 학문적 사고의 기반으로 직관의 중요성을 재인식하기 시작한 것이다.

훌륭한 지도자나 경영자가 되기 위해서는 창조적 상상력의 기본이 되는 느낌, 감정, 직관을 키워야 하는 이유이다.

직관력 전문가들은 직관력은 개인의 노력으로 향상될 수 있다고 강조하고 있다. 명상이나 휴가 등을 이용한 평온한 마음의 중요성을 강조하고 있다. 직관력에 관한 믿음도 중요하다고 했다. 그리고 과학적 또는 논리적 사고 위주의 패턴을 지양해야 한다고 강조하고 있다. '어떤 길이 빠를까? 점심 때 무얼 먹지? 목적지까지 몇 분이나 걸리지?' 등의 일상생활에서의 의식적 노력도 도움이 된다고 한다.

● ● ●

한국인의 특별한 직관력, 눈치

한국인에게는 특별한 직관력이 있다고 주장하는 작가가 있다. 예일대학교에서 철학을 전공한 재미교포 유니 홍(Euny Hong)은 《눈치(The Power of Nunchi)》에서 "눈치야말로 한국을 성공의 나라로 만든 비밀무기"라고 강조한다. 눈치란 논리 정연한 사고 과정이 개입되지 않고 순간적인 직관으로 다른 사람의 감성이나 사물의 상황을 이해하고 때에 맞게 알아차리는 능력을 말한다. 그는

2019년 12월 5일자 〈뉴욕타임스〉에 "눈치는 한국의 성공 비밀무기"라는 내용의 글을 쓰기도 하였다.

영국의 일간지 〈데일리 메일(Daily Mail)〉도 기사에서 "한국에서의 눈치는 사고방식보다 더 미묘하고 좀 더 폭넓은 것을 규정하며 삶을 더 효율적으로 살 수 있게 해주는 수단"이라고 하였다.

그는 눈치를 제6의 감각이라고 주장하고 있다. 시각, 청각, 미각, 후각, 촉각의 5가지 감각에 눈치를 6번째 감각으로 여기고 있는 것이다. 눈치는 육감+A라는 생각이 든다. A는 교육을 통해서 얻어지기도 하기 때문에 가정교육이나 학교 교육이 중요하다 할 수 있다. 눈치는 맥락지능과 일맥상통하기도 하다.

인간 지능의 핵심이 기억력과 계산 능력에서 감성과 공감 능력 등으로 급격히 확대되고 있는 사회가 되어가고 있다. 기억력과 계산 능력은 빠르게 AI로 대체되고 있지만 AI는 눈치가 부족하다. 눈치는 감성을 이해하고 공감 능력을 증진 시키는 핵심 역량이다.

전통적으로 한국의 부모들은 아이들에게 눈치의 중요성을 가르쳐 왔다. 이 훌륭한 가정교육이 약화되고 있어 안타까운 현상이다. 그러나 이런 순기능을 가지고 있는 한국인의 장점인 눈치가 집단지성으로 연결되지 못하고 어빙 제니스(Irving Janis)가 강조한 집단사고(group thinking)나 로즈(Todd Rose) 교수가 강조한 집단착각(collective illusion)의 함정에 빠지는 사회 심리적 현상에 악용되고 있다. 지도자들의 각성이 요구된다.

・ ・ ●

핵심을 보는 통찰력

통찰력(insight)이란 '사물의 관계를 이해하고 보이지 않는 본질이나 실체를 밝혀내어 핵심을 꿰뚫어 보는 능력'이라 할 수 있다. 브리태니커 백과사전은 통찰이란 '공공연한 시행착오 없이 일어나는 즉각적이고 분명한 지각이나 이해'라고 정의한다.

위키피디아는 통찰을 '감추어진 핵심을 직관적으로 파악하는 일'이라고 정의한다. 많은 경우 통찰이란 이전에 없던 새로운 것을 알아내는 것이 아니라 이미 있는 것을 새로운 관점으로 살펴보고 그 관계의 의미를 재조합하는 일이라고 한다.

프랑스의 작가 마르셀 프루스트는 "진정한 여행의 발견은 새로운 풍경을 보는 것이 아니라 새로운 시각으로 보는 것"이라고 강조하며 새로운 관점 또는 새로운 패러다임의 중요성을 강조하였다.

삼성의 이건희 회장은 휴대폰 사업을 '타이밍 사업' 또는 '패션사업'이라고 했다. 금융업을 '시스템 사업' 또는 '네트워크 사업'이라고도 했다. 그분의 통찰력에 감복하지 않을 수 없다.

지금의 사회는 빠르게 그리고 광범위하게 근본이 변하고 있다. 당연히 불확실성이 커지고 있는 변화이기도 하다. 분석의 힘은 커져 왔지만, 통찰력의 힘은 부족한 경향이 있다.

중앙일보 논설위원 정진홍은 《인문의 숲에서 경영을 만나다》에서 통찰의 힘이란 예리한 관찰력으로 사물을 꿰뚫어 보는 통찰(洞察), 즉 통찰(insight)과, 처음부터 끝까지 모두 두루 살펴보는 통(通察), 즉 개요(overview)의 융합이며 시너지(synergy)라고 강조하고 있다. 맥락지능과 일맥상통한 얘기라 할 수 있다.

결국, 통찰이란 이미 있는 그 무엇을 지금까지와는 다른 관점으로 보고 생각함으로써 새롭고 발전된 해답을 창조해내는 것이다.

피터 드러커도 창의성이란 "기존의 것을 새롭게 조합하는 것"이라고 말하며 새로운 관점의 중요성을 강조했다. 통찰에 대한 강의로 유명한 왓슨(Lisa Watson)은 통찰력이란 "표면 안에 숨어 있는 진실을 살펴보는 능력"이라고 강조하고 있다.

메이어의 법칙(Meyer's Law)이 있다. 일을 복잡하게 만드는 것은 쉽지만 간단하게 만드는 것은 복잡함을 말한다. 단순한 것을 복잡하게 만드는 데에는 지식이 필요하지만 복잡한 것을 단순하게 하는 데에는 통찰이나 지혜가 필요하다. 통찰력에 기초한 단순화는 큰 힘을 가지고 있다. 초대형 히트작의 공통점은 단순함이라고 한다. 가수 장윤정의 〈어머나〉가 대표적인 케이스다.

잭 웰치는 〈하버드비즈니스리뷰〉와의 인터뷰에서 다음과 같이 말했다.

"불안해하는 경영자들이 복잡함을 만들고 있다. 초조한 경영자들이 두꺼운 계획서와 촘촘히 들어찬 슬라이드를 많이 사용한다. 진정한 경영자는 소란스러울 필요를 느끼지 않는다. 사람들은 명확해지고 정확해질 수 있다는 단순함에 대한 자신감을 가져야 한다. 그러나 그것은 쉽지 않다. 사람들은 단순해지는 것이 얼마나 어려운지, 그리고 그들이 단순해지는 것을 얼마나 두려워하는지는 믿을 수 없을 정도이다. 그들은 단순해지면 사람들이 자신을 멍청하다고 생각할 것으로 우려한다. 물론 현실에서는 정반대이다. 명확하고 현실적인 사람들이 가장 단순하다."

정보의 홍수 속에 있는 우리가 현명해지는 기술은 무엇을 무시해도 되는지를 아는 기술이라고 미국의 심리학자 제임스(William James)는 주장하였다. 정보의 홍수에서 벗어나 전체를 조망하는 능력을 키워야 통찰력이 증진된다고 할 수 있다. 그러기 위해서는 단순화하는 능력을 키워야 한다.

통찰력은 빠르게 변화하는 사회에 가장 중요한 열쇠 중의 하나이다. 우리가 어떤 인재로 키워야 하는지에 대한 해답이기도 하다. 직관력과 통찰력은 지식정보화사회, 제4차 산업혁명의 시대, 꿈의 사회, 메타버스 시대에 가장 중요한 경쟁력이 되고 있다. 직관력과 통찰력을 갖춘 인재로 키워야 하는 이유이다. 자녀를 두고 있는 학부모가 명심해야 하는 사안이다.

• • •
직관력과 통찰력을 키워야

직관력과 통찰력에 관한 전문가들은 공통으로 '직관력과 통찰력은 타고난 것이 아니라 노력으로 키워갈 수 있다' 고 강조한다. 지식 습득 위주의 교육이나 학습이 지양되어야 하는 이유이기도 하다. 지식이나 정보는 인터넷에서 쉽게 찾을 수 있는 사회다. 직관력과 통찰력은 이러한 지식이나 정보를 어떻게 해석하고 활용하느냐에 매우 중요한 역할을 한다.

바른 마음 없이 지식과 논리로 실체적 진실을 호도하는 지도자들을 많이 본다. 무지하고, 천박하며, 뻔뻔한 모습을 보이고 있다. 직관력이나 통찰력이 부족하여 실체적 진실을 보지 못하는 경우도 많다.

하버드대학교 제이 라이트(Richard J. Light) 교수는 "교육의 목적은 수백 개의 케이스 스터디를 통해 모든 이해 당사자들의 요구를 합리적으로 반영해 사려 깊고 윤리적인 의사결정을 할 수 있는 통찰력을 배양하는 데 있다"고 강조하였다.

일본의 경영학자 히라이 다카시가 쓴 《1등의 통찰》은 MIT 통찰에 대한 강의는 현장을 누비는 전략가의 시선으로 정리한 책이다. 그는 통찰력을 강화하기 위해서는 다음과 같은 7가지를 실천하라고 강조한다.

1. 기사 제목만 보고 실제 내용을 추측하는 습관을 키워라.

2. 유추를 돕는 생각 모델을 만들라.

3. 재미있게 말할 수 있는 소재를 늘려라.

4. 생각을 시각화하라.

5. 역사관을 키우라.

6. 자기의 생각을 다른 사람한테 말하는 습관을 키워라.

7. 해답 없는 문제에 도전하라.

루트번스타인 부부가 저술한 《생각의 탄생》은 역사적으로 유명한 천재들이 생각에 대해, 어떻게 생각하고 생각하는 법을 어떻게 배웠는지에 대해 그들이 창의적 활동을 위해 사용했던 13가지 생각의 도구를 통해 구체적으로 설명하고 있다. 관찰, 형상화, 추상화, 패턴인식, 패턴 형성, 유추, 몸으로 생각하기, 감정이입, 차원적 사고, 모형만들기, 놀이, 변형, 그리고 통합이다.

아는 것만의 통합은 부족하다. 직관력과 통찰력이 필요한 이유이다. 한 과목에서 배운 것을 여러 분야에 응용할 수 있는 인재, 즉 폴리매스형 인재가 중요한 사회이다. 창조적 상상을 하는 사람들은 융통성이 뛰어난 마음과 생각 도구로 훈련되어야 한다고 강조한다.

우리의 대부분은 음악을 듣고 그림을 보지만 창조적인 사람들은 그림을 듣고 음악을 본다고 한다. 저자는 창조성이나 통찰력이 몇몇 천재의 전유물이 아니고 이들이 활용한 창조적 사고를 위한 13가지 도구를 훈련해간다면 누구든지 창조성이 있는 사람이 될 수가 있다. 이러한 훈련은 직관력이나 통찰력이 있는 사람으로 가는 길이기도 한다.

생각의 본질은 감각의 지평을 넓히는 것이고 생각은 감각과 지식 그리고 인식의 틀 사이에서 만들어진다. 감각적 체험이 이성과 결합하고, 상상이 실제와 연결된다. 직관이 지성과 짝을 이루고, 가슴속의 열정이 머릿속의 열정과 결합하며, 한 분야에서 습득한 지식이 다른 분야로 가는 문을 여는 사람이야말로 창조적이고 통합적 이해를 하는 이 시대가 요구하는 인재다. 학부모들이 자녀들을 키울 때 유념해야 하는 얘기다.

통찰의 체계를 만들고 전파하는 일을 소명으로 삼고 있다는 신병철은 《통찰의 기술》에서 "통찰의 기술이 21세기의 진정한 경쟁력"이라고 강조하고 있다. 우리 시대가 요구하는 해법이 통찰이라는 것이다. 우리에게 필요한 지혜와 열정은 통찰에서 나온다고까지 말한다. 그가 주장하는 통찰의 공식이 있다.

뛰어난 통찰을 얻기 위해서는 첫째, 문제를 구체적으로 정의해야 하며, 둘째, 이를 해결하고자 하는 정확한 의도를 가져야 하며, 셋째, 이를 기반으로 기존 지식을 재조직해야 하는 과정을 거쳐야 한다. 문제를 재해석한다는 뜻은 새로운 관점으로 본다는 뜻이기도 하다.

미국의 3M은 "붙는 것이 중요한 것이 아니라 떨어지는 것이 중요하다"고 생각하여 '포스트 잇(post it)'을 발명하였다고 한다.

현대그룹 창업자 정주영 회장은 겨울철에 미군이 잔디를 깔아달라고 부탁하였으나 보리를 심었다고 한다. 정주영은 "그들이 원하는 것이 잔디가 아니라 푸른빛"이라고 재해석한 것이다. 그의 통찰력이 감탄스럽다.

통찰력을 키우기 위해서는 새로운 개념의 만남을 시도해야 한다. 난타는 사물놀이와 연극의 만남을 시도하여 폭발적인 성공을 보였다. 레미안은 아파트와 브랜드의 만남을 시도하였다. 6시그마 운동은 미국식 품질 혁신과 가라테 승급 체계의 만남이라고 한다. 제4차 산업혁명의 핵심인 융합도 여러 분야 간의 만남이라고 생각한다.

한국의 저명한 미래학자 최윤식 교수도 통찰력은 노력으로 키워질 수 있다고 강조한다. 그는 **《미래학자의 통찰의 기술**(Insight into the Future)**》**에서 "통찰력은 생각의 기술이고 타고난 것이 아니라 훈련으로 키울 수 있다. 그러나 통찰력은 절대로 저절로 향상되지 않는다. 훈련이 필요하다"고 강조한다. 학부모들이 자녀들을 교육할 때 유념해야 하는 말이라고 생각한다. 경영자나 지도자가 되기 위해 노력하시는 분들이 새겨들어야 하는 말이라고 생각한다. 그는 "한 번의 승리는 기술만으로 가능하지만 계속 이기는 기업이 되려면 통찰력이 필수이고 기술보다 중요하다"고 말한다.

통찰력은 주관적 마법이 아니고 객관적 기술이기에 누구나 훈련하면 상당한 수준에 오를 수 있다.

블랙스톤의 창업자 스티븐 슈워츠먼, 코스트코의 창업자 짐 시네갈, 런던 비즈니스 스쿨의 게리 하멜 등은 성공의 법칙으로 자기를 통찰하는 데서 나온 자기 확신, 타인을 통찰함으로써 가능한 소통과 연결, 세상의 변화를 통찰하는 데서 나온 기민한 변화를 습득한 사람들이다. 빠르게, 새롭게, 기본이, 광범위하게 변화하는 이 시대에는 시대 흐름을 읽는 통찰력이 매우 중요하다.

최윤식 교수에 따르면 통찰은 기술이기에 과정과 도구가 있다. 기술은 어떤 목표를 달성하는 데 필요한 일련의 행동이고 행동은 연장으로서의 수단과 과정이 있다. 통찰력 발휘에 사용되는 수단은 생물학적 사고와 인간의 외부에서 작동하는 계산기나 인공지능 같은 물리적 기술이다. 중요한 것은 통찰의 비결은 수단보다는 과정(순서)에 해당하는 경우가 많다는 점이다.

그가 강조하는 과정이나 순서는 첫째, 통찰의 대상을 선정하고, 둘째, 넓은 범위의 정보나 지식을 수집·학습하며, 셋째, 생각의 기술과 기계적 도구로 사전 처리하고, 넷째, 통찰의 대상이나 질문 범위에 선정된 정보나 지식에 몰입하며, 다섯째, 생각의 기술로 후속 처리하고 마지막으로 통찰의 값을 산출한다.

통찰은 순서가 어떻든 이해(해석), 분석(조작), 예측(창조)의 세 가지 단계를 거쳐야 한다. 해석, 분석, 예측 이 세 가지 능력은 현실의 한계를 뛰어넘는 지식을 생산하고 인간이 깊은 사유와 통찰을 가능하게 하는 힘이 된다.

특히 그는 짧은 시간에 대략적인 흐름이나 방향을 포착하는 통찰력을 발휘할 때에는 마인드셋(mindset, 생각의 습관)이 필요하고 장시간에 걸쳐 심층적 연구를 통한 통찰력을 발휘할 때에는 통찰의 기술이 활용된다고 말한다.

여기서 마인드셋이란 정보를 대하는 생각의 기준, 경향, 방식, 태도 등을 가리킨다. 뇌 속에 잘 발달된 미래 예측 마인드셋을 장착한 사람이 대략적인 미래 흐름이나 방향 혹은 중요한 변수를 포착하는 통찰력을 발휘할 수 있다고 말하고 있다. 체계적인 교육이나 훈련이 필요한 이유이다.

통찰력을 키우는 데 가장 중요한 자양분은 '인문학'이라고 한다. 치밀함과 정확성이 핵심인 자연과학과는 달리 인문학에는 유연성, 상상력, 창의력, 직관력, 통찰력의 자양분이 있기 때문이다. 이 속성들은 경영의 세계에서 매우 중요한 자산이다. 한쪽 눈으로 보면 한쪽만 보이고, 두 눈으로 보면 양쪽이 보이며, 마음의 눈으로 보면 전체를 볼 수 있다고 했다.

경영의 세계에서는 경영 이슈에 대한 어떤 논리적 또는 과학적 보고서도 완벽할 수 없다. 더욱이 통찰력이 부족한 실무자들이 작성한 보고서는 더욱 그렇다. 경영자에게 직관력과 통찰력이 필요한 이유이다.

직관력과 통찰력이 부족한 리더를 둔 국가나 회사는 생존하거나 번영하는 데 어려움이 많다. 남들과 비슷해서는 살아남기 힘들어진 사회로 가고 있다. 우리 아이들이나 젊은이들이 또는 미래의 지도자들이 지식이나 지능의 함양에 더하여 지성, 직관력, 통찰력을 키워야 하는 이유이기도 하다.

직관력과 통찰력은 우리 시대의 경영자나 지도자들이 가져야 할 가장 중요한 소양이고, 훈련으로 키울 수 있다고 했다. 자녀들 교육을 위해서 이 부분들에 대한 부모의 관심과 노력이 증대되어야 하는 이유이다. 경영자나 지도자를 꿈꾸는 젊은이들이 관심을 가지고 키워가야 하는 이유이다.

입체적 사고능력, 맥락지능

맥락지능(contextual intelligence)이란 맥락과 상황의 행간을 읽어내고 예측하며 서로 다른 맥락 사이를 효과적으로 파악하는 입체적 사고능력이다.

2004년 〈보스턴 글로브〉에 의하면 하버드 경영대학원 노리아(Nitin Nohria) 교수가 20세기를 주도한 860명의 최고경영자들의 가장 중요한 특징은 맥락지능이었다고 강조하였다.

미국의 뇌신경 과학자 스턴버그(Robert J. Sternberg)는 "지능의 진정한 검증에는 맥락적 지표가 포함되어야 한다. 맥락을 읽어낼 수 없다면 지능은 숫자에 불과하다"고 강조하였다. 맥락지능의 중요성을 강조한 얘기이다.

미국의 교육 전문가 매슈 커츠(Matthew Kutz) 교수는 《맥락지능(contextual intelligence)》에서 "맥락지능이란 주변 상황을 정확하게 진단함으로써 언제 어디서나 모든 사람에게 영향을 미칠 수 있는 능력"이라고도 말하고 있다. 서로 다른 맥락 사이를 자유롭게 넘나들며 행간을 읽어내고 그들의 연관성과 새로운 상황을 인지하고 예측하며 단편적 사실에서 무엇인가를 이해할 수 있는 입체적 사고능력이라 하겠다.

맥락지능은 후견지명(과거), 통찰(현재), 선견지명(미래)을 통합하는 3차원적이고 입체적 사고체계라고 말하고 있다. 맥락지능은 후견지명, 통찰, 선견지명이 합쳐질 때 가장 잘 발현되는 사고라 할 수 있다.

지금의 사회는 급격하게 변화하고, 근본이 변하며, 광범위하게 변하고 있기 때문에 불안정성(instability), 불확실성(uncertainty), 복잡성(complexity), 모호성(ambiguity)의 특징들을 가지고 있다.

맥락지능은 이러한 모호성, 불확실성, 복잡성 등의 특징들을 가지고 있는 문제나 상황을 이해하고 해결하는 데 매우 중요하다 할 수 있다.

여러 분야의 맥락을 이해하고, 그 사이에 존재하는 숨은 뜻을 알아차리며, 분야와 분야를 융합하는 능력이야말로 매우 중요하다. 그래서《제4차 산업혁명》의 저자 클라우스 슈밥(Klaus Schwab)은 "제4차 산업혁명의 시대에 우리에게 필요한 것은 맥락지능"이라고 강조하였다. 맥락지능을 키우기 위해서는 멀리 보고, 전체를 보며, 새로운 것들을 연관 지으며, 핵심이나 행간을 읽어내는 습관을 키우는 것이 중요하다.

편견이나 선입관에서 자유로워야 한다. 특히 보고 싶은 것만 보고, 듣고 싶은 것만 들으며, 말하고 싶은 것만 말하려는 확증

편향의 함정에 갇히지 않고, 있는 그대로를 보는 훈련이 필요하다. 크루거의 함정에 빠지지 않아야 한다. 사회에 물들지 않은 순수한 어린아이의 마음이 필요하다고 강조되고 있다.

어린아이의 마음을 야생적 사고라고도 할 수 있는데 하버드대학교의 가드너(Howard Gardner) 교수는 이러한 사고를 교육받지 않은 마음(unschooled mind)이라고도 표현하였다. 맥락지능은 생각하는 기계화 시대 또는 AI 시대에 인간이 경쟁력을 갖추기 위해 반드시 필요한 지능이라고 말해지고 있다. 다가오는 세상을 움직이는 힘이기도 하다고 강조되고 있다.

06 융합적 인재

● ● ●

융복합 사고가 중요한 시대

산업사회에서는 비교적 잘게 쪼개진 일을 하도록 요구받았으며 분업이 중요한 시대였다. 학문에서든 직업에서든 기능적 수월성과 분석적 정밀성이 필요하다. 그래서 지능지수가 절대적으로 중요하며 각각 좁은 틀 안에서 사고하고 행동하여 다른 분야와의 소통과 관심이 비교적 적었다. 세계와 인간을 폭넓게 조망하고 문화를 이끌어 가는 힘이 부족하였다.

그러나 지금의 사회 또는 다가올 사회에서는 부문의 전문성도 중요하지만, 전체적 연관성의 파악이 점점 더 중요해지고 있다. 전체를 읽고 그 원인, 맥락, 흐름을 파악하지 못하면 몰락하기 쉬운 사회로 가고 있다. 여러 분야의 시간과 공간을 전방위적으로 가로지를 수 있는 노력이 필요하다 할 수 있다.

오늘날 경영의 세계가 안고 있는 문제 중에서 단일한 분야에만 국한되는 것은 아무것도 없다. 분석적이든, 정서적이든, 전통적이든 한 가지 접근법으로 해결할 수 있는 문제가 급속히 줄어들고 있다. 통합이나 융합 나아가서는 종합하는 마음이 중요한 이유이기도 하다.

《제4차 산업혁명》의 저자 클라우스 슈밥은 제4차 산업혁명을 '전자적·물리적·생물적 시스템의 융합'이라고 정의하고 있다. 여기서 융합이란 둘 이상의 사물을 서로 섞거나 조화시켜 하나로 합한 것을 말한다. 영어로는 fusion, convergence, hybrid 등으로 번역되고 있다. 기술융합, 시장융합, 산업융합, 인적자원의 융합, 전체를 아우르는 융합 등의 다양한 형태가 있다. 애플의 스티브 잡스는 "기술과 인문학의 융합이 기술 정보산업의 판도를 바꿀 수 있다"고 강조하기도 하였다.

융복합 시대에는 협업, 상생, 공동번영을 위해 전략적 우선순위를 두어야 한다. 서로 다름의 융합을 통해 메가 시너지를 창출할 수 있는 것이다. 인문학적 상상력과 감성이 과학적 창조력 및 기술력이 융합하여 새로운 가치를 창출해갈 수 있는 인재가 환영받는 시대이다. 산업사회에서는 시키는 일을 잘하는 사람이면 환영을 받았다. 지능의 역할이 절대적으로 중요했다. 이제는 자신의 전공뿐만 아니라 다른 분야까지도 종합적으로 이해하여 능동적으로 노력하고 창조적으로 생각하는 융합적 인재가 환영받고 있다. 무한히 쏟아지는 지식이나 정보의 홍수 속에서 나나 내가 속해 있는 조직에 맞는 정보나 지식을 찾아 적합하게 활용할 줄 아는 능력이 중요해졌다.

결국, 융합적 사고란 전문지식과 인문학적 소양을 바탕으로 지식이나 정보를 새로운 시각에서 바라보며 통합적 이해를 바탕으로 다양한 분야의 지식, 정보, 기술 등을 넘나들며 수용하고 응용할 수 있는 능력을 말한다.

《생각의 탄생》의 저자 루트번스타인은 다양한 방식의 앎과 느낌을 가장 높은 수준에서 통합하는 사고를 융합적 사고라 말하고 있다.

제4차 산업혁명을 대비하여 미국 등에서는 STEM 교육을 강화하고 있다. STEM은 과학(science), 기술(technology), 공학(engineering), 수학(mathematics) 분야의 학문을 포괄하는 용어로 컴퓨터공학, 전기공학, 화학, 물리학, 생물학, 환경공학, 수학, 통계학 등이 포함된다. 이는 과학적이고 기술적인 지식과 문제해결 능력을 강화하는 데 초점을 두고 있다. 제4차 산업혁명 사회에 필요한 기초 역량을 가르치기 위한 것이다.

한국은 여기에 예술(art)을 더하여 STEAM 교육을 중요시하고 있다. 인문학적 소양과 과학적 그리고 수학적 소양을 바탕으로 융합적 사고의 함양을 위해 노력하고 있다. 나는 여기에 관계 또는 연관을 의미하는 relation을 더하여 STREAM 교육이 중시되어야 한다고 생각하고 있다. 지금의 시대는 사물과 사물, 사물과 사람, 사람과 사람 간의 연결이나 여러 분야 간의 연관성에 대한 이해의 확대가 중요해지고 있기 때문이다.

아인슈타인은 "컴퓨터는 빠르고 정확하나 멍청하다. 사람은 느리고 부정확하나 똑똑하다. 이 둘의 힘을 합치면 상상할 수 없는 힘을 갖게 된다"고 강조하였다. 융합적 사고의 중요성을 말하고 있다.

"예술을 모르는 과학자는 진정한 과학자가 아니고 과학을 모르는 예술가는 진정한 예술가가 아니다"라는 말이 있다. 과학과 예술의 융합적 사고의 중요성을 강조하는 얘기이다. 사물이나 사람 또는 지식이나 정보에 대한 포괄적 이해의 중요성을 강조한 얘기라는 생각이 든다. 여기에 패러다임 전환 역량이 추가된다면 더욱 좋다. 새로운 사회에 적합한 패러다임이야말로 창조적 사고의 매우 중요한 부분이다. 더욱이 인문, 사회, 정치, 문화 등과 관련된 분야에서는 더욱 그렇다.

융합적 사고를 위해서는 특히 입체적 사고, 현상 돌파의 사고, 유연한 사고, 종합적 사고, 직관력, 통찰력 등을 키워가야 한다. 지능도 중요하지만, 지혜나 감성적 자질은 더욱 중요하다. 꿈이나 스토리가 중요해지고 있는 사회에서는 특히 융합적 사고가 더욱 중요하다.

소통과 협력의 사고

융합적 사고를 하는 인재가 되기 위해서는 다양한 분야의 사람들과 소통하고 협력하는 마음이 매우 중요하다. 그래서 기업들은 이러한 인재들을 찾고 육성하는 데 크게 노력하고 있다. 2018년 대한상공회의소가 한국의 500대 기업을 대상으로 이 시대가 필요한 인재가 갖추어야 할 소양을 조사했는데 1위가 **소통과 협력**이었다.

의사소통을 연구한 심리학자 토마셀로(Michael Tomasello)는 《**인간 의사소통의 기원**(Origins of Human Communication)》에서 인간이라는 고유종에게 고유한 의사소통의 특징이 있다는 것을 증명하려 노력했다. 인간의 의사소통은 기본적으로 협력 지향적이라고 강조하고 있다. 자기의 생각을 전달하고 자기의 욕구를 요구하는 것에 더하여 감정이나 관점을 공유하려고 노력하는 행위가 인간 의사소통의 기반이 된다는 이론적 프레임을 제시한 것이다. 결국, 인간은 협력 지향적이기 때문에 똑같은 사물을 남들은 자신과 다른 각도에서 바라볼 수 있다는 것은 중요한 기술이라고 강조한다.

기업 성공의 열쇠는 임직원들이 동료들과 협력하려는 자세와 능력을 갖추느냐에 달려 있다고 할 수 있다. 팀의 업무수행 능력을 연구한 심리학자들은 팀의 결속과 실적 사이에는 밀접한 상관관계가 있다고 말한다. 개개인의 전문적인 능력, 창의성, 기술적인 노하우 등은 조화로운 분위기에서 팀원들이 협력할 때에 충분히 발휘되는 경향이 있다. 이러한 소통과 협력은 감성적 특성이 중요하다.

《E.Q.-감성지능 개발 학습법》의 저자 메르틴과 뵉(Doris Martin and Karin Boeck)은 이 점을 강조한다. 인간의 인지능력, 감성 이입 능력, 낙관적 사고능력, 입체적 사고능력, 유연한 사고능력 등이 이성적 분석 능력보다 중요한 사회로 가고 있다. 그러나 이런 것들은 교육이나 기업 문화 구축 과정을 통하여 확대해야 한다.

구글은 2008년부터 2018년까지 10년간 좋은 리더에 관해 연구

했다. 최고의 실적을 보인 훌륭한 리더들을 관찰했고 공통적인 특징을 발견하여 10가지로 요약 정리하였다. 그중 다섯 번째에 소통 능력이 포함되어 있다. 좋은 리더는 소통 능력을 가지고 있고 경청하며 정보를 공유하려 노력했다는 것이다. 경영자뿐만 아니라 우리 모두에게는 소통의 역량이 필요하다. 그리고 아홉 번째가 협력의 마음이었다. 회사 전체를 조망하며 협력의 문화를 만들어 가는 것이 매우 중요함을 말해준다.

윤석만은 《챗GPT 바드-인공지능이 바꿔놓을 핵심역량 4가지》에서 새로운 사회의 인재 기준으로 연결지능, 인성 역량, 실천 지식과 함께 소통 능력을 강조했다. 그는 "인공지능의 발전과 기술의 고도화로 인간의 역할은 이를 관리하고 다양한 업무를 조율하는 방식으로 변화되고 있다. 아울러 혼자 일하는 방식에서 협업의 방식을 취해야 하는 일이 많아지고 있다"고 말했다.

소통을 위해서는 경청하는 마음을 키워야 한다. 말을 독점하려 해서는 안 된다. 경청해야 한다. 차분한 마음으로 상대방의 마음을 읽도록 노력해야 한다. 역지사지의 입장에 서도록 노력해야 한다. 허물은 덮어주고 칭찬은 자주 해야 하는 기업 문화를 구축해야 한다. 제4차 산업혁명의 시대에는 여러 분야의 융합 현상이 급속도로 증가하고 있다. 그래서 다양한 사람들과 함께 일을 해야 한다. 인간과 AI의 소통과 협력도 급격하게 증가하고 있다. 소통과 협력의 마음이 중요한 이유이다.

홀륭한 최고경영자들이 한결같이 '말하기보다는 경청' 하라고 강조하고 있다. 경청하고 공감하는 마음이야말로 소통의 원동력이라 할 수 있다. 최고경영자가 보고 싶은 것만 보고, 듣고 싶은 것만 들으며, 말하고 싶은 것만 말하려는 확증편향, 선입관, 편견에 갇혀 있으면 올바른 판단을 할 수 없다. 시스템이나 집단지성의 긍정적 기능이나 역할을 무시하고 개인의 능력에만 의존하려는 최고경영자는 시행착오가 많아질 수밖에 없다.

공감이란 남의 주장, 감정, 생각 따위에 찬성하며 자기도 그렇다고 느끼는 감정이다. 타인의 처지에서 바라보는 마음 상태다. 다른 사람이 신고 있는 신발 속으로 들어가서 함께 걸어보는 마음이라고도 말할 수 있다. 공감에 관한 유명한 일화가 있다.

가수 조용필이 〈비련〉을 발표했을 당시 지방에 있는 지체장애 여자아이가 〈비련〉을 듣고 처음으로 감정적 반응을 보였다고 한다. 그래서 어머니는 매니저를 통해 조용필에게 사연을 보냈더니 출연료 3,000만 원 이상의 출연 스케줄 4개를 위약금을 물어주며 취소하고 곧바로 지방에 있는 아이한테 갔다고 한다. 조용필이 아이의 손을 잡고 〈비련〉을 불러주자 아이는 입원 후 8년 만에 처음으로 펑펑 울었다고 한다. 감동한 어머니는 돈을 보내주겠다고 말하였는데 조용필은 "따님 눈물이 제 평생 벌었던 돈보다 가치가 있습니다"라고 말하였다고 한다. 이것이 감동적인 공감 능력이라 할 수 있다.

조용필의 인간성에 찬사를 보내고 싶은 마음이다. 예술인의 공감 능력은 많은 사람의 마음을 움직인다. 최고경영자나 지도자에게 과학적이고 합리적이며 치밀한 생각에 더하여 마음을 움직이는 소통과 공감의 인문학적 소양이 필요한 이유이기도 하다. 마음이 중요한 지금의 사회에서는 더욱 그렇다.

● ● ●

전문화된 지식을 넘어서

제4차 산업혁명의 물결이 거세지고 있는 지식정보화사회에서는 여러 분야 간 연결이 중요해지고 있다. 그것이 융합의 형태이든, 종합의 형태이든, 복합의 형태이든, 통섭의 형태(주로 지식에 사용)이든 두 가지 분야 또는 그 이상의 분야들이 연결됨으로써 엄청난 가치가 창출되는 시대이다. 지식정보화 관련 기술의 발달로 분야 간 연결이 확대되는 초연결의 시대이다. 예를 들면 스마트폰은 카메라, 인터넷, 전화 등이 합쳐져 있다. 이렇게 합쳐짐으로써 엄청난 가치가 창출되고 시장 규모가 커지고 있다.

피터 드러커는 "기존의 것을 새로 조합하는 것이 창의성"이라고 강조하였다. 《제4차 산업혁명》의 저자 클라우스 슈밥은 "제4차 산업혁명은 전자적·물리적·생물적 시스템의 융합"이라고 설명하고 있다. 융합이 핵심이라는 얘기다.

　스티브 잡스는 스탠퍼드대학교 연설에서 "내 이야기는 점들을 연결하는 것에 관한 것입니다"라고 강조하였다. 창의력이란 여러 가지를 연결하는 것(Creativity is just connecting things)이라고 하였다. 스티브 잡스는 보스턴 컨설팅 그룹의 전 세계 900명을 대상으로 한 조사에서 가장 창의적인 경영자로 압도적 1위를 하기도 하였다.

　《생각의 탄생》의 저자 루트번스타인은 "창의적인 인재는 학교 지식만으로는 만들어질 수 없다. 창의성은 호기심, 도전, 실패, 학습 등을 통해 얻은 다양한 경험들의 조합들이 극대화되었을 때 나온다"고 말했다. 모두 드러커의 말과 일맥상통하다 할 수 있다. 그래서 철학과 역사, 예술과 문학, 심리학과 뇌 과학, 고고학 등의 다양한 지적탐구 활동이 이루어지는 인문학이 경영의 세계에서 중요한 이유이기도 하다.

　이러한 연결지능은 사고의 확장과 유연한 마음을 통해 길러진다. 하나의 아이디어를 해당 분야의 범주 안에서만 생각하고 받아들이는 것이 아니고 자신이 속한 분야를 넘어 다른 영역으로 확장시키는 것이 연결지능의 본질이다. 그래서 나와는 생각과 아이디어, 경험, 인식의 틀이 다르더라도 열린 마음으로 존중하고 경청하며 받아들이는 노력을 해야 한다.

창의성은 타고난 것이 아니고 습관, 생활양식, 자세, 인식의 틀, 합리적인 토론, 다양한 경험, 실패를 두려워하지 않는 도전정신, 노력 등이 합쳐져야 한다. 공감, 감성, 소통과 협력의 마음 등 우뇌적 소양이 중요하다. 이런 것들을 종합적으로 사고하고 연결하는 습관을 키워야 한다. 그래서 습관이 경쟁력이라고도 했다.

《폴리매스(Poly Math)》의 저자 와카스 아메드는 하나의 전문화된 지식에서 벗어나 여러 지식을 통합하고 정리하며, 연결하고, 융합하는 폴리매스형 인재가 중요하다고 강조한다. 전문지식이 중요하지 않다는 얘기가 아니라 자기의 전문지식을 타 지식과 연계하고 융합하려는 생각이나 습관이 중요하다는 것이다.

한 우물만 파는 시대가 아니다. 장인정신의 중요성이 상대적으로 낮아지고 있다. 장인정신보다 통합적 사고, 종합적 사고, 융합적 사고, 새로운 사고가 더 중요해졌다. 인터넷의 발달로 정보나 지식은 차고 넘치며 누구나 쉽게 접근이 가능하여 여러 분야를 종합하고 융합하는 일이 중요해지는 사회가 되고 있다.

폴리매스형 인재의 특징은 다음과 같다.

"자기 전문 분야만 잘 아는 것이 아니라 여러 분야와 주제에 대해 두루 잘 안다. 다양한 분야에 능통할 뿐만 아니라 분야를 구분하는 경계를 거침없이 넘나든다. 여러 분야를 융합하거나 아예 새로운 분야를 창시한다. 이미 존재하는 것들도 여러 가지 방식으로 새롭게 결합하고 융합하려 한다."

지금의 사회에서는 분야 간 협업과 융합에 적합한 폴리매스형 인재의 중요성이 강조되고 있다. 입체적 사고, 통합적 사고, 숲을 보는 사고, 융합적 사고가 점점 더 중요해지고 있다.

21세기의 격변기에는 넓게 보는 자가 높이 오르고 생존 번영할 수 있다고 했다. 제4차 산업혁명의 시대에는 AI가 인간의 영역을 빠르게 침범하고 있다. 그러나 AI가 침범하기 쉽지 않은 영역은 융합능력, 메타 인지, 인간의 장점인 다재다능함, 그리고 감성이나 마음과 관련된 사항이다. 메타 인지란 자신의 생각이나 지식에 대해 그대로 받아들이지 않고 자체적으로 검증하는 능력, 즉 자기 마음을 이해하는 능력이라 할 수 있다.

삼성전자를 비롯한 많은 회사가 폴리매스형 인재의 양성을 위해 FA제도(Internal Corporation Free Agent System)를 도입하고 있다. 핵심 중의 하나는 중간관리자로 하여금 여러 부서를 경험케 (약 5년 정도) 하여 폴리매스형 경영자로 육성하여 경영 의사결정의 정합성을 높이는 데 목적이 있다. 산 위에 올라 전체를 보고 내려와서 부분의 일을 할 때 융합능력이 향상되고 소통과 협력이 증대되는 인재가 될 수 있다. 숲을 보는 능력이 중요하다.

《와이드 앵글 비전(Wide Angle Vision)》의 저자 웨인 버칸은 저격수나 게릴라처럼 전체의 움직임을 볼 수 있는 역량의 중요성을 강조하고 있다.

폴리매스형 인재는 변화에 보다 유연하게 대처하고 쉽게 적응할 수 있다. 그래서 빠르고 광범위하며 근본이 변하고 있는 지금의 사회에 적응하기 유리하고 적합한 인재다. AI는 지능과 관련된 분야에서는 인간이 따라갈 수 없는 능력을 확대 해가고 있다. 그러나 AI가 인간을 쉽게 대체하기 어려운 영역은 마음에 관한 것, 융합의 능력이나 감성, 상상력, 창의력, 통찰력과 관련된 영역이다.

인간은 종합적이고 통합적 사고의 교육을 받아야 유리한 사회로 가고 있다. 다재다능형 인간은 수직적 사고보다 수평적 사고 또는 입체적 사고의 역량을 갖추어야 한다. 이야기, 이미지, 상상력, 꿈이 자산이 되고 있는 메타버스 시대에 적합한 인재이기도 하다. 지난 20년이 인터넷의 확장 시기였다면 앞으로의 20년은 메타버스 확장 시기라고 한다. 어마어마한 메타버스 시장이 전 세계적으로 빠르게 확장되고 있다.

우리 모두 그런 기회를 잡아야 한다. 자녀를 두고 있는 부모 세대들이 높은 관심을 가지고 보아야 한다. 경영자를 꿈꾸는 젊은 세대들이 눈여겨보아야 한다.

08 실용지능을 키워야

• • •

직관 능력의 향상

　지적지능(IQ)이라는 개념이 있다. 학문지능이라고도 한다. 전통적인 IQ를 의미한다. 상대적으로 고정된 속성을 가진 지적지능의 전통적 테스트는 과거의 성취를 평가하는 경향이 있다. 어휘력, 독해력, 단어 유추, 산수 문제, 도형을 이용한 추리 테스트 등을 포함하고 있다. 과거 지향적 측정이기도 하다. 지식정보화사회에서는 지적 지능과 미래의 성공 관련성이 약화되고 있다고 한다. 생산적 사고는 내적 상상력과 외적 경험이 만날 때 이루어진다고 한다.

　교육심리학자 진 밤버거(Jeanne Bamberger)는 "일상생활에서 똑똑한 아이들이 학교 성적은 아주 신통치 않은 경우를 많이 보아왔다. 아이들이 경험으로 습득한 손 지식을 가지고 있는 사람은 학교에서 배우는 기호적 지식만큼 강력하고 이처럼 경험에 기반하는 이해를 가리켜 질 높은 이해이다"라고 강조한다.

아이들에게 다양한 경험을 시켜야 하는 이유이기도 하다. 실용지능은 할 수 있는 것과 해야 하는 것을 인지해 내는 능력으로 탁월한 현실감을 제공해 준다. 무엇을, 누구에게, 언제, 어떻게 말해야 최대의 효과를 거둘 수 있는지 아는 능력이기도 하다.

《블링크》의 저자 글래드웰은 《아웃라이어(Outliers)》에서 다음과 같은 얘기를 말하고 있다.

"미국에 IQ 190이 넘는 천재가 있었다. 집안이 가난하여 장학금을 받기로 하고 대학에 진학하였다. 그런데 장학금 신청 시기를 놓쳐 장학금을 받지 못했다. 할 수 없이 아르바이트를 하였고 일하는 시간이 많아 수업 시간과 일하는 시간이 겹쳐 F학점을 받았다. 수업 시간이나 일하는 시간을 조정하지 못하고 대학을 중퇴하였다. 학교, 아르바이트 사업주, 교수가 이 사실을 알고 이해되었다면 조정이 가능했다고 한다. 이 천재는 그다지 크지 않은 어려움으로 자기의 미래를 너무 쉽게 포기해 버렸다. 이것은 학문지능 때문이 아니다. 실용지능이 좋지 않은 결과라 할 수 있다."

그 천재는 시골에서 평범한 소시민으로 나이가 들어가고 있다고 한다.

실용지능의 핵심 중의 하나는 의사소통이다. 아이들이 자라면서 자기들보다 힘이 센 사람들과 거래하는 법을 배우는 것이 실용지능을 높이는 데 중요하다고 한다. 부모와 선생님들의 양육 방법이나 교육 방법이 실용지능의 함양에 결정적 역할을 한다고 할 수 있다.

일반적으로 실용적 문제는 공식화되어 있지 않고, 해결에 필요한 정보가 부족하며, 일상의 경험과 관련이 많고, 책임에 따른 해결책이 여러 가지이며, 해결책을 선택하는 방법도 여러 가지인 경향이 많다고 한다.

《실용지능(Practical Intelligence in Everyday Life)》은 로버트 스턴버그(Robert Sternberg)를 비롯한 여러 명이 공동 집필한 책이다. 스턴버그 연구 집단의 연구 결과는 일상적인 과제를 처리하는 능력과 전통적인 학업 과제를 처리하는 능력 사이에는 상관관계가 없다는 것이다.

나이 많은 성인이라 할지라도 세월이 흐르면서 실용지능이 계속 성장하는 사람들을 많이 볼 수 있다는 것이다. 전통적인 문제 해결 능력은 20세 이후로 감퇴하는 반면 실용적 해결 능력은 40

대와 50대에 정점을 이루다가 그후로 서서히 감소하게 된다는 것이다. 잘 발달한 실용지능의 전형적인 형태가 직관과 지혜라고 한다. 실용지능은 자신이 사는 환경에 맞추어 스스로 변화시켜가는 환경에의 적응 능력, 자신에게 어울리게 변화를 가하는 환경의 형성 능력, 환경의 선택 능력을 포함하고 있다. 분석적 능력, 창의적 능력, 실용적 능력이 서로 균형과 조화를 이룰 때 환경에 적응을 잘하고, 환경에 필요한 변화를 가할 줄 알며, 자기에게 유리한 환경을 선택하는 능력이 향상된다고 할 수 있다.

가상세계의 창조자들……노석준 · 이승희, 글라이더

감각의 미래……카라 플라토니, 흐름출판

감동 DNA……윤상열, 비움과소통

개혁의 덫……장하준, 부키

경영고전 읽기……정구현 · 신현암, 클라우드나인

경영의 교양을 읽는다……이동헌외 4인, 더난출판사

경쟁의 미래……C. K. 프라할라드, 세종서적

경쟁의 종말……제임스 F. 무어, 자작나무

관계의 연금술……딘 오니시, 북하우스

권력이동……앨빈 토플러, 한국경제신문사

그들의 생각을 바꾸는 방법……데이비드 맥레이니, 웅진지식하우스

글로벌 한류 트렌드……한국국제문화교류진흥원, KOFICE

긍정의 힘……조엘 오스틴, 긍정의힘

긍정의 힘……밥 머레이 · 알리샤 포틴베리, 국일미디어

기업문화……리프 에드빈슨 · 크리스토퍼 비틀릿, 비즈니스맵

기업의 윤리경영 매뉴얼과 사례……전경련 윤리경영팀, 에프케이아이미디어

기업의 패러다임 변혁……카고노 타다오, 비봉출판사

꿀벌과 게릴라……게리 해멀, 세종서적

꿈꾸는 다락방……이지성, 차이정원

꿈을 실현하는 사람들의 15가지 성공비결……스티븐 스콧, 비즈니스북스

드림 소사이어티……롤프 옌센, 리드리드출판

나 홀로 볼링……로버트 D. 퍼트넘, 페이퍼로드

내일의 이정표……피터 드러커

넥스트 이코노미……엘리엇 에덴버그, 청림출판

넷브레이킹……조일훈, 한국경제신문사

뇌 호흡……이승현, 한문화

누구에게나 단점은 있다……간바 와타루, 더난출판사

눈치……유니 홍, 덴스토리

다른 자본주의……필립 코틀러, 더난출판사

다보스포럼 보고서

다시 생각하라……시드니 핀켈스타인외 2인, 옥당

단순함의 원리……잭 트라우트 · 스티브 리브킨, 21세기북스

단절의 시대……피터 드러커, 서음출판사

당신의 뇌는 최적화를 원한다……가바사와 시온, 쌤앤파커스

대변환의 시작……최배근, 집문당

대중의 지혜……제임스 서로위키, 랜덤하우스코리아

대한민국을 선진국으로 이끄는 K-경영……김기찬외 8인, 드림셀러

대한민국 희망에너지 혁신……이용섭, 세경사

드림소사이어티……롤프 옌센, 리드리드출판

디지로그……이어령, 생각의나무

디지털 경제를 배우자……돈 댑스콧, 물푸레

디커플링과 공급망 전쟁……이철, 처음북스

랜드연구소의 기업경영 리포트……폴 라이트, 비즈니스북스

로열티 경영……프레데릭 F. 라이히헬드, 세종서적

리더를 키우는 긍정의 힘……전도근외 2인, 해피&북스

마음(KBS 다큐)……이영동, 위즈덤하우스

마음 vs 뇌……장현갑, 불광출판사

마음의 힘……애덤 스미스

마음 챙김……엘렌 랭어, 더퀘스트

만화로 떠나는 21세기 미래여행……이원복, 김영사

멀리 가려면 함께 가라……이종선, 갤리온

맥락지능……매슈 커츠, 현암사

메타버스의 발전과 적용이 산업과 사회에 미치는 영향(논문)……문승혁

메타 유니브스 초세계……안병익, 이가서

멘탈을 바꿔야 인생이 바뀐다……박세니, 마인드셋

문명의 충돌……새뮤얼 헌팅턴, 김영사

문화가 중요하다……새뮤얼 헌팅턴, 김영사

문화의 결과……게르트 호프스테드

무지개 원리……차동엽, 위즈앤비즈

미국의 다음 20년……피터 드러커

미국 문화 충돌과 이해 꿀팁 88가지……신재동, 보민출판사

미래학자의 통찰의 기술……최윤식, 김영사

미래 마인드……하워드 가드너, 재인

미래의 결단……피터 드러커, 한국경제신문사

미래를 읽는 기술……에릭 갈랜드, 한국경제신문사

미래의 경영……로언 깁슨 정리, 21세기북스

미래의 조직……피터 드러커, 한국경제신문사

미래의 충격……앨빈 토플러, 범우사

미래 인재의 조건⋯⋯ 공병호, 21세기북스

미의 역사⋯⋯ 움베르토 에코, 열린책들

밀레니엄 키워드.COM⋯⋯ 유병선, 웅진출판

바른 마음⋯⋯ 조너선 하이트, 웅진지식하우스

바잉브레인⋯⋯ A. K. 프라딥, 한국경제신문사

변화경영 7가지 성공법칙⋯⋯ 김영한, 더난출판사

변화관리(Havard Business Review)⋯⋯ 존 P. 코터, 21세기북스

변화하는 뇌⋯⋯ 한소원, 바다출판사

부의 미래⋯⋯ 앨빈 토플러, 청림출판

부의 창조⋯⋯ 매일경제세계지식포럼사무국, 매일경제신문사

보는 방식을 바꾸어라⋯⋯ 캐스린 D. 크레이머

보물지도⋯⋯ 모치즈키 도시타카, 나라원

브레이크스루 리엔지니어링⋯⋯ 히비노 소조, 크라운출판사

브레이크쓰루 전략 MBO⋯⋯ 양병준 · 이상원, 크라운출판사

브레이크스루 컴퍼니⋯⋯ 키스 맥팔랜드, 김영사

블링크, 말콤 글래드웰⋯⋯ 김영사

사다리 걷어차기⋯⋯ 장하준, 부키

사람이 경쟁력이다⋯⋯ 박성수, 샘물

사람이 먼저다 꿈을 키워라⋯⋯ 김성진, 씨앤북스

사람이 알아야 할 심리학 상식 백과⋯⋯ 신동운, 스타북스

사장을 위한 심리학⋯⋯ 천서우룽, 센시오

사장을 위한 MBA 필독서 50⋯⋯ 나가이 다카히사, 센시오

사회지능SQ⋯⋯ 대니얼 골먼⋯⋯ 웅진지식하우스

산업한류 혁명⋯⋯ 박광기외 산업한류 TF팀, 한국경제신문

삶의 열정을 깨우는 일상 만들기 90……하오즈, 팜파스

상생경영……상생경영연구회, 김영사

상생경영의 이정표를 찾아서……김윤식, 롱테일콜로세움

새로운 미래가 온다……다니엘 핑크, 한국경제신문

새로운 미래가 온다……박영숙, 경향미디어

생각의 법칙 10+1……존 맥스웰, 청림출판

생각의 오류……토머스 키다, 열음사

생각의 인프라에 투자하라……김경집, 디플

생각의 지도……리처드 니스벳, 김영사

생각의 창의성……김효준, 지혜

생각의 탄생……로버트 루트번스타인 · 미셸 루트번스타인, 에코의서재

서구의 자멸……리처드 코치 · 크리스 스미스, 말글빛냄

서른살 꿈에 미쳐라……명재신, 웅진지식하우스

성공하는 사람들의 7가지 습관……스티븐 코비, 김영사

세계는 지금 이런 인재를 원한다……조세미, 해냄출판사

세계는 평평하다……토머스 프리드먼, 21세기북스

세계 심리학 필독서 30……사토 다쓰야, 센시오

세계에서 가장 자극적인 나라……짐 로저스, 살림

세계화의 종말……스티븐 D. 킹, 비즈니스맵

세계화의 종말과 새로운 시작……마크 레빈슨, 페이지2북스

소프트 파워……김종립, KMAC

수평적 사고……에드워드 드 보노, 한언

수평 조직의 구조……김성남, 스리체어스

슈퍼 에이지 이펙트……브래들리 셔먼, 비즈니스북스

열린사회와 그 적들······칼 R. 포퍼, 민음사

열정 플랜······리처드 창, 하이파이브

열정 깨우기······용혜원, 나무생각

열정이 차이를 만든다······노먼 빈센트 필, 21세기북스

와이드 앵글 비전······웨인 번컨

왜 분노해야 하는가······장하성, 헤이북스

우리의 힘······조나단 M. 티쉬, 생각의나무

위기를 넘어서: 21세기 한국의 비전(보고서)······앨빈 토플러

위대한 리셋······클라우스 슈밥, 메가스터디북스

위키노믹스······돈 댑스코트 · 앤서니 윌리엄스, 21세기북스

유엔미래보고서······박영숙 외, 교보문고

유연한 사고의 힘······레오나르드 믈로디노프, 까치

유혹의 기술······로버트 그린, 웅진지식하우스

융합형 인재의 조건······한국경제신문사 특별취재팀, 한국경제신문사

이건희 개혁 10년······김성홍 · 우인호, 김영사

이매진······조나 레러, 21세기북스

이젠 지혜경영이다······손기원, 지혜미디어

인간의 의사소통 기원······마이클 토마셀로, 영남대학교출판부

인공지능의 미래······제리 카플란, 한스미디어

인문의 숲에서 경영을 만나다······정진홍, 21세기북스

인재전쟁······에드 마이클스, 세종서적

일자리가 사라진 세계······김상하, 바른북스

자본주의 대예측······클라우스 슈밥, 메가스터디북스

자본주의 붕괴의 서막······조철선, 전략시티

채용 트렌드 2022……윤영돈, 비전코리아

챗GPT · 바드 인공지능이 바꿔놓을 핵심역량 4가지……윤석만, 가디언

초일류 기업으로 가는 길……전용욱, 김영사

초일류국가를 향한 도전……이용섭, 세경사

최적의 공부 뇌……이케가야 유지, 포레스트북스

칭찬의 힘……김주영, 삼각형프레스

카오딕……디 혹, 청년정신

카오스 경영……랄프 D. 스테이스, 한국언론자료간행회

카키스토크라시……김명훈, 비아북

컴플렉소노믹스……로저 르윈 · 버루트 레진, 황금가지

퀀텀 시크릿……다카하시 히로카즈, 알레

크리에이티노베이션……매일경제 세계지식포럼 사무국, 매일경제신문사

패러다임 경영……제진훈, 21세기북스

패러다임을 전환하면 미래가 보인다……조엘 아서 바커, 초당

평균의 종말……토드 로즈, 21세기북스

폴리매스……와카스 아메드, 안드로메디안

폴리매스는 타고나는가……피터 홀린스, 힘찬북스

퓨처 셀프……벤저민 하디, 상상스퀘어

퓨처와이즈……패트릭 딕슨, 엘도라도

프레너미……박한진 · 이우탁, 틔움출판

프레임……최인철, 21세기북스

프로이트 심리학연구……프로이트, 글벗사

피드백의 힘……조셉 포크먼, 북폴리오

피터 드러커 · 미래를 읽는 힘……고바야시 가오루, 청림출판

탈무드에서 마크 저커버그까지······김욱, 더숲

탈산업사회의 도래······다니엘 벨, 아카넷

통찰의 기술······신병철, 지형통찰지능, 최연호, 글항아리

트렌드 워칭······김경훈, 리더스북

하나되는 힘······머다드 바가이 · 제임스 퀴글리, 청림출판

한국기업이 고쳐야 할 문제점 50가지······이상민, 새로운제안

한국 사회갈등의 진단과 통합촉진 자원으로서의 신뢰(논문)······김선빈

한권으로 읽는 드러커 100년의 철학······피터 드러커, 청림출판

한류본색······매일경제 한류본색 프로젝트팀, 매일경제신문사

핵심경영전략 40가지······파이낸셜타임스, 매일경제신문사

허드······마크 얼스, 쌤앤파커스

현상돌파의 사고력······테레사 에머빌, 21세기북스

확률적 사고의 힘······다부치 나오야, 에프엔미디어

히든 챔피언······헤르만 지몬, 흐름출판

히트······허태근, 비즈니스맵

힘의 이동(Davos Report)······매일경제 세계지식포럼 사무국, 매일경제신문사

1등의 통찰······히라이 다카시, 다산3.0

10년후 부의 지도······류비룽 · 린즈하오, 라이온북스

1일 1단어 1분으로 끝내는 경제공부······태지원, 글담출판

2029 기계가 멈추는 날······게리 마커스 · 어니스트 데이비스, 비즈니스북스

2023 세계인구보고서······UN Population Fund

2030 기회의 대이동······최윤식 · 김건주, 김영사

2030 미래의 대이동······최윤식 · 최현식, 김영사

2030년 제4차 산업혁명······오기 쿠란도, 북커스

3년 후 AI 초격차 시대가 온다……정두희, 청림출판

40일간의 산업일주……남혁진, 어바웃어북

4차 산업혁명 이미 와 있는 미래……롤랜드버거, 다산 3.0

4차 산업혁명과 신경영……아주대학교 KIURI

4차 산업혁명……클라우스 슈밥, 메가스터디북스

4차 산업혁명의 핵심 전략……박춘엽외 2인, 책연

4차 산업혁명의 이해……윤경배외 4인, 일진사

4차 산업혁명 6개의 미래지도……보스턴컨설팅그룹 서울오피스, 토트

4차 산업혁명의 패러다임……장성철, 모아북스

60 Trend 60 Chance……샘 힐, 한국경제신문사

EQ: 감성지능개발학습법……도리스 매틴, 해냄출판사

IMF 보고서NQ로 살아라……김무곤, 김영사

4차 산업혁명의 패러다임

장성철 지음
248쪽 | 15,000원

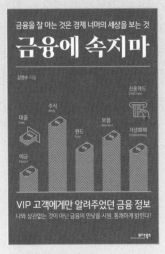

금융에 속지마

김명수 지음
280쪽 | 17,000원

숫자에 속지마

황인환 지음
352쪽 | 15,000원
(2017 세종도서 교양부문 선정)

DNA 헬스케어 4.0

김희태 · 허성민 지음
260쪽 | 17,000원

행복한 노후 매뉴얼

정재완 지음
500쪽 | 30,000원
(2022 세종도서 교양부문 선정)

법에 그런 게 있었어요?

강병철 지음
400쪽 | 15,000원
(2021 텍스트형 전자책 제작 지원 선정)

내 손을 잡아줘

김선우 지음
264쪽 | 20,000원

정부의 예산, 결산 분석과 감시

조일출 지음
264쪽 | 20,000원

감사, 감사의 습관이
기적을 만든다

정상교 지음
246쪽 | 13,000원

최고의 칭찬

이창우 지음
276쪽 | 15,000원

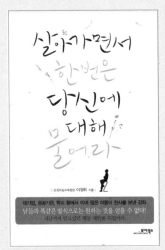

살아가면서 한번은
당신에 대해 물어라

이철휘 지음
252쪽 | 14,000원
(2013 국방부 안보 도서 선정)

직장 생활이 달라졌어요

정정우 지음
256쪽 | 15,000원

누구나 쉽게 작가가
될 수 있다

신성권 지음
284쪽 | 15,000원

독한 시간

최보기 지음
248쪽 | 13,800원

내 글도 책이 될까요?

이해사 지음
320쪽 | 15,000원
(2021 우수 출판콘텐츠 선정작)

독서로 말하라

노충덕 지음
240쪽 | 14,000원
(2018 문화체육관광부 주최 도깨비
책방 선정 도서)

해독요법

박정이 지음
304쪽 | 30,000원

몸에 좋다는 영양제

송봉준 지음
320쪽 | 20,000원

효소 건강법 (개정 10쇄 발행)

임성은 지음
264쪽 | 15,000원

자기 주도 건강관리법

송춘회 지음
280쪽 | 16,000원

당신이 생각한 마음까지도 담아 내겠습니다!!

책은 특별한 사람만이 쓰고 만들어 내는 것이 아닙니다.
원하는 책은 기획에서 원고 작성, 편집은 물론,
표지 디자인까지 전문가의 손길을 거쳐
완벽하게 만들어 드립니다.
마음 가득 책 한 권 만드는 일이 꿈이었다면
그 꿈에 과감히 도전하십시오!

업무에 필요한 성공적인 비즈니스뿐만 아니라 성공적인 사업을 하기 위한
자기계발, 동기부여, 자서전적인 책까지도 함께 기획하여 만들어 드립니다.
함께 길을 만들어 성공적인 삶을 한 걸음 앞당기십시오!

도서출판 모아북스에서는 책 만드는 일에 대한 고민을 해결해 드립니다!

모아북스에서 책을 만들면 아주 좋은 점이란?

1. 전국 서점과 인터넷 서점을 동시에 직거래하기 때문에 책이 출간되자마자 온라인, 오프라인 상에 책이 동시에 배포되며 수십 년 노하우를 지닌 전문적인 영업마케팅 담당자에 의해 판매부수가 늘고 책이 판매되는 만큼의 저자에게 인세를 지급해 드립니다.

2. 책을 만드는 전문 출판사로 한 권의 책을 만들어도 부끄럽지 않게 최선을 다하며 전국 서점에 베스트셀러, 스테디셀러로 꾸준히 자리하는 책이 많은 출판사로 널리 알려져 있으며, 분야별 전문적인 시스템을 갖추고 있기 때문에 원하는 시간에 원하는 책을 한 치의 오차 없이 만들어 드립니다.

기업홍보용 도서, 개인회고록, 자서전, 정치에세이, 경제 · 경영 · 인문 · 건강도서

모아북스 **MOABOOKS** 문의 0505-627-9784

이제 길이 보입니다

초판 1쇄 인쇄	2024년 05월 16일	**2쇄** 발행 2024년 05월 27일
1쇄 발행	2024년 05월 20일	

지은이　　최원락
발행인　　이용길
발행처　　**모아북스**
　　　　　　MOABOOKS

관리　　　양성인
디자인　　이룸
홍보　　　김선아

출판등록번호　제10-1857호
등록일자　　1999. 11. 15
등록된 곳　　경기도 고양시 일산동구 호수로(백석동) 358-25 동문타워 2차 519호
대표 전화　　0505-627-9784
팩스　　　　031-902-5236
홈페이지　　www.moabooks.com
이메일　　　moabooks@hanmail.net
ISBN　　　979-11-5849-237-3 03300